予約の取れない料理教室

SPICEUPの作りたくなる日々のごはん

桑原亮子

NEW STANDARD
RECIPES

本書の決まりごと

・小さじ1は5ml、大さじ1は15ml、1カップは200mlです。
・オリーブオイルはエキストラ・バージン・オリーブオイルを使用しています。油は米油を、砂糖はきび砂糖を使用していますが、油は香りの強くない好みのもの、砂糖は好みのものをお使いください。酢は特別な表記がない限り、米酢や穀物酢など好みのものをお使いください。だし汁はかつおだしを使用しています。
・電子レンジは600Wのもの、オーブンは電気オーブンを使用しています。コンロや電子レンジ、オーブンの火加減・加熱時間は目安です。様子を見て適宜調節してください。

初めまして。料理家の桑原亮子です。SPICEUPという料理教室を運営しています。この度は、この本を手に取っていただきありがとうございます。ざっと読んで、何か作りたくなるレシピはありましたでしょうか？いや、あるといいなぁ。

ひょんなことがきっかけで大阪の自宅から始まったスパイスとハーブをテーマにした教室も、おかげさまで9年目に突入しました。今は大阪と東京のアトリエを行き来しながら対面レッスンを行いつつ、オンラインクラスも開催しています。

本書でご紹介しているのは、今回がお披露目となるものを織り交ぜながら、対面レッスンとオンラインクラスからピックアップしたレシピたちです。私自身も日々の暮らしの中で繰り返し作っているものが、たくさん収録されています。スパイスとハーブというテーマを掲げてはいますが、私の活動の核となっているのはあくまでも家庭料理です。そして料理の仕事をしていますが、料理って大変だなー、って常々思っています（と、いきなりカミングアウトしてみる）。献立を考えて、買い物に行って、料理をして、食べて（結構一瞬）、片づけて、ごみを捨てて、余った食材の身の振り方まで考えなければならない大変な作業。焦がしたり、味が決まらなかったり、失敗だってあり得るのですよね。かくいう私もたまに、びっくりするようなものを作って落ちこんでしまうこともあります。

世の中はおいしいものであふれていて、外食という選択肢もあるのに、なぜ人は料理をするのでしょうか。

理由は人それぞれで、食べ手の喜ぶ顔が見られるから、健康と美容のために、というモチベーションの方もいらっしゃると思います。私にとって、料理をする理由は家庭料理の「自由さ」にあると思っています。

マヨネーズを唐揚げにふんだんにまぶしたり、カレーにソースをかけてみたりした記憶はありませんか？私は酸味と辛みが大好きで、ロールキャベツに、家族にもぎょっ！とされるほどマスタードを塗りつつ、ストレスがたまると辛いものが食べたくなって、キーマカレーにタバスコをちょこっと追加したり、納豆にキムチを入れるのも大好きです。卵ご飯には卵をどさっと2個入れたりもします。

誰のためでもない、自分のための秘密の食べ方に出会えると楽しいし、好きな味を自由に作ることができるので、家庭料理には飽きが来ることがありません。スタミナがつきそうなものも食べたいけど、健康を考えてあっさり味のサラダも食べたいし、冷蔵庫の野菜も消費したいんだよな、なんてわがままな願望をかなえてくれるのも家庭料理です。自分の都合と腹具合に合わせられるのも家庭料理の自由さとおおらかさだと思っています。

そしてもうひとつ、家庭料理とは「好奇心を反映できる行為」だと思っています。今日は具材をかえて作ってみよう、味付けを少し変えてみようと、思い立ったらすぐに行動に移せて、皿の上に結果として料理ができあがります（私はいつもチャレンジしすぎて、家族からクレームが来ることも多いですが…）。日々の何気ない暮らしの中で、思わぬ食材の組み合わせや、調理工程のコツ、工夫を発見できたら何だか幸せな気分になりませんか。

「自由さ」と「好奇心」を皆さんと共有したいし、楽しみたいよね！ 楽しもう！という思いを本書に込めました。この本を使って存分に料理を楽しんでほしいと思います。この本が新しい料理の作り方に興味を持っていただける、そしてどんな味なのだろう！って、ワクワクしながらスーパーに立ち寄ってもらえる後押しになれば嬉しいと思っています。

何かひとつでも作ってみたいものがありますように（願わくは、全部作ってみたいと思ってもらえますように）。一緒に楽しんでいただけますように。

桑原亮子

5

料理を楽しく、
おいしく作るヒント

本書には、楽しみながら料理して、
おいしく仕上げるヒントが詰まっています。

HINT 2

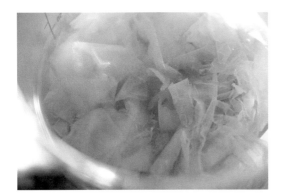

ちょっとラクしながら楽しむ

トマトの皮を湯むきするのは意外と手間がかかるので、いっそ包丁でむいてしまえばあっという間です（P49・いかとトマトのマリナーラ）。少量のだし汁を使いたいときは、ちゃんとだしをとると時間もかかるので、お湯に削り節をちょっとつけておきます（P61・白身魚とエリンギのエスカベッシュ）。省ける手間は省きながらラクに料理を楽しみましょう！

HINT 1

新しいことをやってみる

ロールキャベツが食べたいけど巻くのが面倒だなと思ったら、巻かずにすむ方法を考えてみたり（P10・巻かないロールキャベツ）、魚の一夜干しがあるんだから鶏肉も干してみようと試してみたり（P16・鶏肉の一夜干し）、ちょっとした実験気分で新しいことにチャレンジすると、料理するのがグンと楽しくなってきます。

材料はなるべく少なくする

数種の野菜を使うレシピが多い酢豚も、思いきって豚肉とパイナップルだけにしてしまいます（P28・黒酢豚）。これなら下準備の手間も減るし、味も決まりやすくなって一石二鳥。特に料理初心者の方は、材料はなるべく少ないほうが失敗も少ないし、楽しく料理できると思います。

使う材料の意味を知る

しっかりと乳化させたいドレッシングには、乳化作用のあるマスタードを使っています（P68・りんごと玉ねぎのドレッシングのレタスサラダ）。こんなふうに使う材料の意味を知ると、料理するのがグッと楽しくなると思います。

ちょっとしたコツを覚える

鶏肉や魚を焼くとき、フライパンに皮目を下にして入れたら、すぐに裏返さず、焦らずにじっくり焼くと、香ばしくてジューシーに仕上がります。魚介は塩で余分な水分や臭みを抜くとおいしくなるし、きのこも塩をふって搾ると旨みがぎゅっと凝縮します。とろみをつける料理は水溶き片栗粉を加えて煮立たせ、とろみがついたらもうひと煮立ちさせて片栗粉にしっかり火を通します。こんなふうに調理工程のちょっとしたコツを少しずつ覚えると、おいしく仕上がって、料理するのが楽しくなると思います。

ベストレシピ

玉ねぎは一度薄切りにしてから刻む
と細かいみじん切りに。

こねないハンバーグ

肉の旨みたっぷりのハンバーグは教室の人気No.1です。

子どもも好きなのでよく作りますが、

肉だねをフライパンの中で混ぜて焼くこのレシピならストレスフリー。

肉だねは表面をできるだけなめらかにすると旨みが逃げにくいので、

玉ねぎはなるべく細かく刻んでくださいね。

材料 （4人分）

合いびき肉 … 300g

バター … 20g
→ 室温にもどして5mm角に切る

A → 混ぜ合わせておく

玉ねぎ … 1/2個 → みじん切り（a）

パン粉 … 大さじ6

卵 … 1個

塩 … 小さじ1/3

黒こしょう（粗びき）… 適量

[**ソース**] → 混ぜ合わせておく

トマトケチャップ … 大さじ2

中濃ソース … 大さじ2

酒 … 大さじ2

みりん … 大さじ1

しょうゆ … 小さじ1

油 … 適量

エリンギ … 適量 → 手で大きめに裂く

作り方

1 フライパンにひき肉とバターを入れ、ゴムべらで手早く混ぜ合わせる（**b**）。

2 **A**を加えて混ぜ合わせ、4等分する（**c**）。手に油をつけ、肉だねの表面をなめらかにしながら、だ円形に成形し（**d**）、フライパンに並べる。

3 2を中弱火にかけ、焼き色がつくまで5〜8分焼いたら裏返す（**e**）。ふたをして弱火で7〜8分加熱し、竹串を刺して透明な汁が出るようになったら、器に盛る。

4 3のフライパンにソースを入れ、ひと煮立ちさせて混ぜ（**f**）、3にかける。ソテーしたエリンギを添える。

巻かないロールキャベツ

ロールキャベツって、葉っぱを1枚ずつはがしてゆでて、
肉だねをきっちり巻く作業がちょっと面倒、
と思う人は、きっと少なくないですよね。
そこで、キャベツ半分をそのままゆでて、
やわらかくなった葉をそのままゆでて、
肉だねをのせ、丸く包んでみたら、
手軽なレシピになりました。
煮込んだキャベツのおいしさを楽しみたいので
とろっとするまで煮込むのがポイント。
春キャベツはやわらかくなりすぎるので、
ふつうのキャベツで作ってください。

材料（2人分）

キャベツ … 1/2玉 →芯をとる

[肉だね]

　豚ひき肉 … 100g

　鶏ひき肉 … 100g

　プレーンヨーグルト（無糖）… 大さじ1

　塩 … 小さじ1

　玉ねぎ … 1/6個 →みじん切り

ベーコン（薄切り）… 4枚

バター … 20g

作り方

1 鍋に湯を沸かし、キャベツをゆでる（**a**）。やわらかくなったらざるに上げ、流水にさらして冷まし、葉をはがして水けをきる。

2 肉だねのひき肉を合わせ、ヨーグルトと塩をしっかりと練り込み、玉ねぎを加えてさっと混ぜ合わせ、4等分にする。

3 ラップを広げ、キャベツの葉を合わせて丸く敷き、②をのせて包み（**b**、**c**）、ラップをはずして鍋に詰める。

4 ベーコンをのせて水2カップを注ぎ、バターをのせて（**d**）火にかけ、煮立ったらふたをして弱火で40分〜1時間ほど煮込む。途中で水分が少なくなったら、水約1/2カップを足す。

材料 （2〜3人分）

豚肩ロースブロック肉 … 500g
塩 … 15g（肉の3%）
砂糖 … 約8g（肉の1.5%）
ローリエ … 2〜3枚
にんじん … 1本 →2〜3等分に切る
玉ねぎ … 2個 →半分に切る
自家製粒マスタード（好みで）… 適量

下準備

豚肉に合わせた塩と砂糖をまんべんなくすり込み（**a**）、ローリエをはりつける（**b**）。ラップで巻いて保存袋に入れ、冷蔵室で3日〜1週間ほどねかせる。

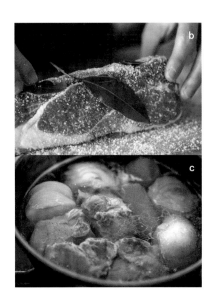

作り方

1 下準備した豚肉はキッチンペーパーで水けをさっとふきとり、4等分に切る。

2 鍋に①、にんじん、玉ねぎを入れ、かぶるくらいの水を注ぐ。中弱火にかけ、ふたをせずにふつふつとした状態を保ちながら、具材がやわらかくなるまで1時間ほど煮込む（**c**）。途中で水分が少なくなったら、そのつど水適量を足す。器に盛り、好みでマスタードを添える。

自家製粒マスタード

材料 と 作り方 （作りやすい分量）

ボウルにイエローマスタードシード30gとブラウンマスタードシード10gを入れて水を張り、さっと洗ってざるに上げる。清潔な保存びんに入れ、酢大さじ4と塩小さじ1/2を加えて混ぜ、常温で3日ほどおく。辛みがとれてマイルドになったら冷蔵室で保存する（約1か月間保存可）。

漬け込むだけのポトフと自家製粒マスタード

長年作り続けている大好きなレシピで、ぜひ、ぜひ、作ってみていただきたい料理です。

味の決め手はなんといっても塩豚の熟成時間！最低でも3日間、余裕があれば1週間おくと本当においしく仕上がるんです。

煮込むときは、ふたをしないで煮立たせず、じっくり加熱すると、すっきり澄んだスープになります。

粒マスタードも、一度手作りしてみてください。自家製ならではのフレッシュな味わいです。酢は米酢やりんご酢など、好みのもので大丈夫。いろいろと試して自分の味を見つけるのも楽しいです。

スパイスで作る
タコライス

スパイスを使う料理は
ちょっとハードルが高いかもしれませんが、
このレシピなら材料も作り方もシンプルで、
スパイス初心者の方にも
楽しみながらチャレンジしてもらえるはず！
タコミートをご飯にのせて
どんぶりにしてもいいですが、
人が集まるときは、
ご飯や野菜、たれを準備して、
それぞれ好みにカスタマイズしながら
食べるのも楽しいですね。

材料（2〜3人分）

合いびき肉 … 250g

クミンシード … 小さじ1

にんにく … 1片 →みじん切り

玉ねぎ … 1/2個 →みじん切り

トマトペースト … 大さじ1

A クミンパウダー … 小さじ1/2

　 パプリカパウダー … 小さじ1/2

　 カイエンペッパー … 小さじ1/2
　 ※辛みが苦手な方は抜いてください

塩 … 適量

油 … 大さじ1

[具材]

　 レタス … 適量 →食べやすく切る

　 ご飯 … 適量

　 香菜 … 適量 →食べやすく切る

　 玉ねぎ … 適量 →みじん切り

[青唐辛子のたれ] →混ぜ合わせておく

　 青唐辛子 … 2本（ししとう3本でも可）→小口切り

　 酢 … 大さじ3

作り方

1 フライパンに油、クミンシード、にんにく、玉ねぎを入れ、油がまわるまで中火で炒める（**a**）。

2 ひき肉を加え、粗くほぐしながらしっかりと火が通るまで炒め（**b**）、トマトペーストを加えて混ぜ合わせる。

3 Aを加え、なじませながら炒めて火を通し（**c**）、塩で味を調える。器に盛り、レタスにほかの具材やたれと一緒に巻いて食べる。

鶏肉の一夜干し

魚の一夜干しがあるなら肉を干してみても？と、冷蔵室の中で、鶏肉の水分をとばしてみたら肉の旨みがぎゅ～っと凝縮した味わいに！

こんがりと焼くだけで、おかずにもつまみにもなるし、サラダやパスタの具にしてもおいしいです。

うちの息子は酢飯に混ぜるのが好きです。

材料（2人分）

鶏もも肉
　　　… 1枚（約300g）
塩 … 小さじ1/2
砂糖 … 小さじ1/2
油 … 大さじ1

下準備

鶏肉はキッチンペーパーで水けをふきとり、筋切りをしてフォークで数か所穴をあける。塩と砂糖をまんべんなくすり込み（a）、キッチンペーパーと網を敷いたバットにのせ、ラップをかけずに冷蔵室でひと晩おく（b）。

作り方

1　下準備した鶏肉は（c）、出てきた水分をキッチンペーパーでふきとる。

2　フライパンに油をひき、鶏肉を皮目から入れて中火にかけ、皮がこんがりして9割ほど火が通ったら裏返して焼く（d／魚焼きグリルで焼いても）。食べやすく切って器に盛り、好みで塩（分量外）をふる。

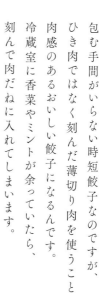

包まない餃子

包む手間がいらない時短餃子なのですが、
ひき肉ではなく刻んだ薄切り肉を使うことで
肉感のあるおいしい餃子になるんです。
冷蔵室に香菜やミントが余っていたら、
刻んで肉だねに入れてしまいます。

材料（18〜20個分）

豚バラ薄切り肉 … 200g → 細切り

にら … 1/2束 → 小口切り

しょうが … 1かけ → みじん切り

餃子の皮 … 18〜20枚

A　しょうゆ … 小さじ2

　　塩 … 小さじ1/2

　　砂糖 … 小さじ1/2

　　ごま油 … 小さじ1

　　片栗粉 … 小さじ1

油 … 大さじ2

酢・白こしょう … 各適量

作り方

1　豚肉にAをもみ込み、にらとしょうがを加えてしっかり混ぜる。

2　餃子の皮に1を等分にのせ、合わせたふちの中央に水をつけてとめる。

3　フライパンに油大さじ1を熱し、2の半量を底面から入れて中火で焼き、焼き色がついたら水大さじ2を加え、ふたをして蒸し焼きにし、火を通す。残りも同様に焼く。器に盛り、合わせた酢とこしょうをつけて食べる。

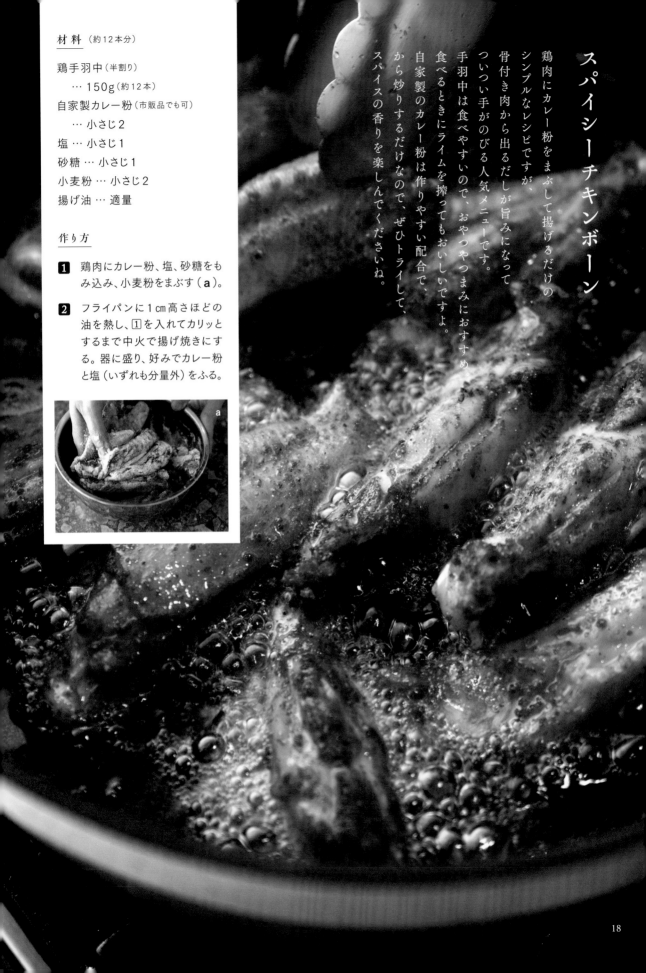

スパイシーチキンボーン

鶏肉にカレー粉をまぶして揚げるだけのシンプルなレシピですが、骨付き肉から出るだしが旨みになってついつい手がのびる人気メニューです。手羽中は食べやすいので、おやつやつまみにおすすめ。食べるときにライムを搾ってもおいしいですよ。自家製のカレー粉は作りやすい配合で、から炒りするだけなので、ぜひトライして、スパイスの香りを楽しんでくださいね。

材料（約12本分）

鶏手羽中（半割り）
　　… 150g（約12本）
自家製カレー粉（市販品でも可）
　　… 小さじ2
塩 … 小さじ1
砂糖 … 小さじ1
小麦粉 … 小さじ2
揚げ油 … 適量

作り方

1. 鶏肉にカレー粉、塩、砂糖をもみ込み、小麦粉をまぶす（**a**）。

2. フライパンに1cm高さほどの油を熱し、□を入れてカリッとするまで中火で揚げ焼きにする。器に盛り、好みでカレー粉と塩（いずれも分量外）をふる。

材料 と 作り方 （作りやすい分量）

コリアンダーパウダー・クミンパウダー各小さ
じ4、ターメリック小さじ2、パプリカパウ
ダー・ガラムマサラ各小さじ1を合わせてフ
ライパンに入れ、中火で香りが立つまでから
炒りする。粗熱がとれたら密閉容器に入
れ、常温で保存する（約3か月間保存可）。
※辛みを加えたい場合はカイエンペッパー小さじ1/2
をプラスする。

自家製カレー粉

キャベツザクザク メンチカツ

ちょっと手間のかかる揚げ物ですが、人が集まるときにも喜ばれるのでレパートリーに加えてみてください。

肉だねはパン粉をつけると意外に大きくなるので、少し薄めに成形するのがポイント。

バッター液は濃度が濃ければ水を足し、薄ければ小麦粉を足して調整してくださいね。

自家製ウスターソースは、しょうゆの力を借りて簡単に作れるレシピです。

自家製ウスターソース

材料 と 作り方 （作りやすい分量）

鍋にしょうゆ・酢各1カップ、砂糖80g、りんご1/4個（4つ割り）、トマト1個（半分に切る）、セロリの葉1本分（ざく切り）、玉ねぎ1/2個（ひと口大に切る）、にんにく2片（つぶす）、黒こしょう（粒）・クローブ各10粒、赤唐辛子1本（種をとる）、ローリエ2枚を入れ、火にかけて煮立たせ、とろ火で1時間ほど煮込む。室温で3時間ほど冷ましてこし、清潔な保存びんに入れて冷蔵室で保存する（約1か月間保存可）。

材料 （8個分）

合いびき肉 … 200g

キャベツ … 100g → せん切り

玉ねぎ … 1/4個 → 縦に薄切り

A → 混ぜ合わせておく

　卵 … 1個

　自家製ウスターソース（市販品でも可）… 大さじ1

　パン粉 … 大さじ1

　片栗粉 … 大さじ1

　ナツメグパウダー … 少々

[バッター液] → 混ぜ合わせておく

　小麦粉 … 80g

　卵 … 1個

　牛乳 … 1/2カップ

パン粉 … 適量

塩 … 適量

揚げ油 … 適量

作り方

1 ひき肉に塩小さじ1/4を加え、ねばりが出るまでよく練る。

2 キャベツと玉ねぎを合わせ、塩少々をふってもみ、水けを搾る（**a**）。

3 ①に②と**A**を加えて混ぜ（**b**）、冷凍室で5分ほど休ませる。8等分にして薄めに丸く成形し（**c**）、バッター液、パン粉の順につける。

4 フライパンに1㎝高さほどの油を熱し、こんがりとするまで中火で揚げ焼きにし（**d**）、油をきって少しおき、余熱で火を通す。器に盛り、ウスターソース（分量外）をかけて食べる。

ゆるめならパン粉適量を足す。

肉のおかず

カルニータスの
サルサソース添え

豚バラ肉を油で煮込むメキシコ料理です。弱火でじっくり煮るのが大事。ちょっと時間はかかるのですが、油で煮ることで脂や臭みが抜けた豚肉は外はカリッ、中はほろっとやわらかで、一度、味わってもらいたいおいしさです。そのままつまんでもいいですが、本場にならって、ぜひタコスの皮に包んで食べてみてください！ さわやかなサルサソースも相性抜群です。

肉が鍋底にくっつかないように、ときどき裏返す。

材料（作りやすい分量）

豚バラブロック肉 … 300g

塩 … 小さじ1/2

[サルサソース]

　ミニトマト … 10〜15個 →4つ割り

　紫玉ねぎ（玉ねぎでも可）

　　　… 1/6個 →粗みじん切り

　ピーマン … 1個 →粗みじん切り

　ライム（またはレモン）… 1/6個 →搾る

　塩 … 小さじ1/4

油 … 適量

タコスの皮（市販品）… 適量

香菜（好みで）… 適量

作り方

1 小鍋に豚肉と塩を入れ、油をひたひたに注ぐ（**a**）。ごく弱火にかけ、表面がカリッとするまで40分〜1時間ほど煮込む（**b**）。

2 ボウルにサルサソースの材料を入れ（**c**）、混ぜ合わせて10分ほどおく。

3 [1]の油をきって食べやすく切り（**d**）、器に盛って[2]と一緒にタコスの皮に包んで食べる。好みで香菜を加えても。

回鍋肉

回鍋肉は日本では豚肉とキャベツを
炒めることが多いですが、
中国ではキャベツではなく、
にんにくの葉を使うレシピです。
あるとき、キャベツなしで試してみたら、
豚バラのコクが際立って、
ご飯もお酒もグンとすすむ味に！
今では〝キャベツはゆでて添える〟が、
わが家流になりました。
回鍋肉をゆでてキャベツにくるんで食べると、
野菜の甘みがみごとに全体を
まとめてくれるんです。
豚バラは〝下ゆで→カリッと焼きつけ〟で、
すっきりだけどコクも出ます。

材料 （2人分）

豚バラ焼き肉用肉 … 200g

長ねぎ … 1/2本 →斜め薄切り

にんにく … 1片 →薄切り

しょうが … 1かけ →繊維を断って薄切り

赤唐辛子 … 3本 →種をとる
※辛みが苦手な方は抜いてください

キャベツ … 適量 →食べやすく切る

A →混ぜ合わせておく

| みりん … 大さじ1
| 豆板醤 … 小さじ2
| みそ … 小さじ2
| しょうゆ … 小さじ2
| 砂糖 … 小さじ1

作り方

1 フライパンに湯を沸かし、キャベツを
ゆでて取り出す。同じ湯で、豚肉の表
面が白くなるまで2分ほどゆで（**a**）、
ざるに上げる。

2 フライパンの水けをふきとり、豚肉を
入れて中火にかけ、表面をカリッと焼
きつけ（**b**）、いったん取り出す。

3 フライパンに残った肉の脂はそのまま
で、にんにく、しょうが、赤唐辛子を入
れて香りが出るまで中火で炒める。

4 **A**を加えて煮立たせ、豚肉を戻し入
れて長ねぎを加え、ざっとからめる。
長ねぎに火が通ったらできあがり。ゆ
でたキャベツを添える。

豚肉と豆腐の麻辣煮込み

花椒をきかせた煮込み料理で、
忙しいときのご飯のおかずにおすすめしたい
とっても簡単なレシピです。
花椒はすりつぶすよりラクなので包丁で刻みます。
油を混ぜると粒が飛び散らず、
まとめやすくなります。

材料（2人分）

豚肩ロース薄切り肉
　　… 150g →3cm幅に切る
木綿豆腐 … 300g →4等分に切る
花椒（粒）… 小さじ1
赤唐辛子 … 1本 →種をとる
にんにく … 1片 →みじん切り
しょうが … 1かけ →みじん切り
豆板醤 … 大さじ1
みそ … 大さじ1
酒 … 大さじ1
しょうゆ … 小さじ1
砂糖 … 小さじ1
油 … 大さじ1
ごま油 … 適量

作り方

1. 花椒は同量のごま油を合わせて刻む（a）。

2. 鍋に油、赤唐辛子、にんにく、しょうがを入れ、香りが出るまで中火で炒める。豆板醤とみそを加えて弱火でじっくりと炒め、酒、しょうゆ、砂糖を加える。

3. 水1/2カップを加えて煮立たせ、豚肉と豆腐を加え、ふたをして弱火で20分ほど煮込む。1とごま油大さじ1を加え、さっと煮る。

a

スペアリブと大根の煮物

煮込み料理は、鍋に材料を放り込んでコトコト煮るだけでおいしくなるのが魅力。果物は肉をやわらかくしてくれるので、韓国料理では梨やりんごと一緒に煮たりしますが、果物を切る手間を省きたくて、手でつぶせるキウイで試したら大成功でした！

材料（2〜3人分）

スペアリブ … 500g

大根 … 1/3本
　　→ 厚めの半月切りにして面とりする

玉ねぎ … 1/2個 → 横に薄切り

キウイフルーツ（完熟）
　　… 1個 → 皮をむく

A → 混ぜ合わせておく
　　しょうゆ … 大さじ4
　　砂糖 … 大さじ2
　　みりん … 大さじ1
　　にんにく … 1片 → すりおろす
　　しょうが … 1かけ → すりおろす

塩 … 適量

作り方

1 鍋に湯を沸かし、スペアリブの表面が白くなるまでゆでてざるに上げる。湯は捨てる。

2 鍋に①、大根、玉ねぎ、**A**、水1/2カップを入れ、キウイを手でつぶして加える（**a**）。火にかけ、煮立ったら落としぶたをして、具材がやわらかくなるまで弱火で30〜40分ほど煮込み、煮汁の味をみて塩で味を調える。

a

黒酢豚

豚肉とパイナップルだけのシンプルな酢豚です。
肉の臭みをとるため、あれこれ試して
ぴったりハマったのがナツメグでした。
ご飯に合うようにしっかりした味にしているので、
調味料は好みで減らしてくださいね。

材料 (2人分)

豚肩ロースブロック肉 … 200g
　→ひと口大に切る
パイナップル (カットパイン) … 100g
塩 … 小さじ1/3
ナツメグパウダー … 少々
酒 … 大さじ1
片栗粉 … 大さじ1と1/2
A →混ぜ合わせておく
　黒酢 … 大さじ2
　砂糖 … 大さじ2
　しょうゆ … 大さじ2
　片栗粉 … 小さじ1
赤唐辛子 … 適量 →小口切り
※辛みが苦手な方は抜いてください
揚げ油 … 大さじ3

作り方

1 豚肉に塩とナツメグをまぶし (**a**)、
酒をもみ込み、片栗粉をまぶす。

2 フライパンに油を熱し、**1**を入れてカ
リッとするまで中火で揚げ焼きにする
(**b**)。

3 フライパンの余分な油脂をキッチン
ペーパーでふきとり、**A**を加えて豚
肉にからめ、少し煮詰める。パイナッ
プルを加えて炒め合わせ、好みで赤
唐辛子を加えて混ぜる (**c**)。

キャベツとしょうがの焼売

玉ねぎではなくキャベツを使って餡を作り、しょうがの風味をきかせた焼売です。キャベツは片栗粉をまぶすと水分が出にくくなって、ふんわり仕上がります。

皮に肉だねをのせて、指で輪を作り、ふんわりと形を整える。

材料（約10個分）

豚バラ薄切り肉 … 200g
　→包丁でたたいて刻む
キャベツ … 50g →粗みじん切り
しょうが … 適量 →せん切り
片栗粉 … 大さじ1
塩 … 小さじ1/2
砂糖 … 小さじ1
しょうゆ … 小さじ1
焼売の皮 … 約10枚
酢じょうゆ … 適量

作り方

1　キャベツに片栗粉をまぶす。

2　豚肉に塩を加えてしっかりと混ぜ、砂糖としょうゆを加えて混ぜる。1を加えて混ぜ合わせる。

3　焼売の皮に2を等分にのせて包み（a、b）、しょうがをのせる。蒸気の上がった蒸し器で10分ほど蒸し、酢じょうゆをつけて食べる。

水餃子

水餃子はとにかく餡にしっかりと味をつけるのがポイントです。餡の具は、パセリやアスパラ、香菜など、なんでもおいしくできますが、まずはベーシックなレシピで試してみてください。

材料（約20個分）

豚バラ薄切り肉 … 200g
　→包丁でたたいて刻む

A しょうゆ … 大さじ1
　　酒 … 大さじ1
　　ごま油 … 大さじ1
　　しょうが … 1かけ →すりおろす

白菜の漬け物（市販品） … 100g
　→みじん切り

長ねぎ … 1/2本 →みじん切り

餃子の皮 … 約20枚

酢じょうゆ・ラー油 … 各適量

作り方

1 豚肉に**A**を加え、ねばりが出るまで混ぜる。白菜の漬け物と長ねぎを加え、さっと混ぜ合わせる（時間があれば30分ほど冷蔵室で休ませる）。

2 餃子の皮に**1**を等分にのせ、ふちに水をつけて包み、両端に水をつけて合わせる（**a**～**c**）。

3 沸騰した湯に**2**を入れてゆで、浮いてきたら湯をきる。器に盛り、酢じょうゆやラー油をつけて食べる。

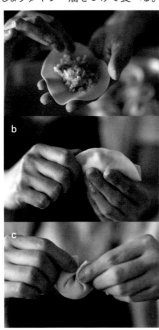

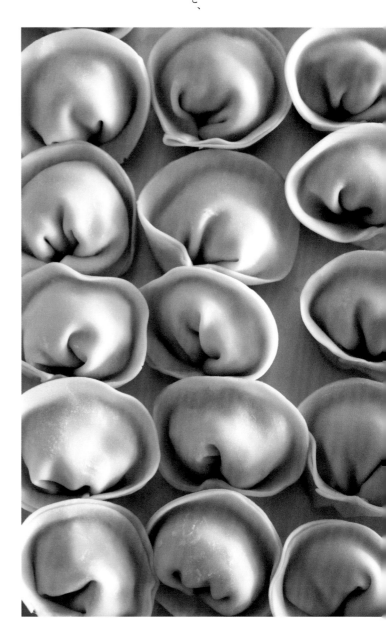

チキンとじゃがいものグラタン

ホワイトソースをきちんと作るグラタンは絶対的においしいのですが、それなりに手間がかかりますよね。もっと手軽にできたらと考えて、生クリームとパン粉を煮て、とろみとコクを出すレシピにしました。

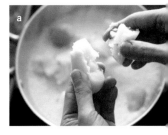

ゆでたじゃがいもは手でちぎって加える。

材料（2人分）

鶏もも肉 … 1枚（約300g）
じゃがいも … 3個
生クリーム（脂肪分35%） … 1カップ
パン粉 … 大さじ2
塩 … 小さじ1/2
溶けるチーズ … 50g
バター … 10g
油 … 大さじ1

作り方

1 じゃがいもは塩ゆでして皮をむき、ひと口大にちぎる。フライパンに油をひき、鶏肉を皮目から入れて中火にかけ、パリッとしたら裏返して表面の色が変わるまで焼き、ひと口大に切る。

2 フライパンに生クリームとパン粉を入れて中火にかけ、ひと煮立ちさせて塩を加える。①を加え（**a**）、ざっと混ぜ合わせて、鶏肉に火が通ってソースにとろみがつくまで煮る（**b**）。

3 耐熱皿に入れ、チーズとバターを順にのせ、オーブントースターで焦げ目がつくまで7〜8分ほど焼く。

骨付きチキンの
スパイス焼き

手羽元で作るタンドリーチキンです。

漬けておけばあとはオーブンで焼くだけで、手羽元は手で持って食べられるので、人が集まるときにも便利！

スパイスは自家製カレー粉（P19）を活用してもOKです。

材料（8本分）

鶏手羽元 … 8本
→フォークで数か所穴をあける

[ヨーグルトペースト] →混ぜ合わせておく

プレーンヨーグルト（無糖） … 100g

はちみつ … 大さじ1

塩 … 小さじ1

みそ … 小さじ1

にんにく … 1/2片

しょうが … 1かけ →すりおろす

[スパイス]（カレー粉大さじ2でも可）

コリアンダーパウダー … 小さじ3

クミンパウダー … 小さじ2

パプリカパウダー … 小さじ1

ターメリック … 小さじ1/2

カイエンペッパー … 小さじ1/4
※辛みが苦手な方は抜いてください

ライム（またはレモン） … 適量 →くし形切り

作り方

1 ヨーグルトペーストとスパイスは混ぜ合わせ、手羽元にもみ込み、冷蔵室で1時間〜ひと晩おく。

2 オーブンシートを敷いた天板に並べ、180度に予熱したオーブンで30分焼く。器に盛り、ライムやレモンを搾って食べる。

材料（2人分）

鶏もも肉 … 1枚（約300g）→6等分に切る

長ねぎ … 1本 → 斜め薄切り

[マリネ液] → 混ぜ合わせておく

| オイスターソース … 小さじ2
| しょうゆ … 小さじ2
| 砂糖 … 小さじ2
| ごま油 … 小さじ1
| 塩 … 小さじ1/4
| にんにく … 1片 → すりおろす

油 … 適量

ご飯・香菜 … 各適量

作り方

1 鶏肉はマリネ液に10分ほど漬ける。

2 アルミホイル（約20cm四方）に、長ねぎの1/6量と鶏肉ひと切れをのせて包む（a、b）。残りも同様に包む。

3 フライパンに**2**を並べ、1cm高さほどの油を注いで中弱火にかけ（c）、鶏肉に火が通るまで5分ほど加熱する。器に盛り、ご飯と香菜を添える。

ペーパーチキン風

シンガポールの名物料理です。本来はペーパーに包むのですが、扱いやすいアルミホイルで作ってみました。ホイルに包んでから、高温で蒸し焼きにされた鶏肉の"ぷりん！"とした食感とジューシーさは一度食べると虜になるはず！ぜひ試してみていただきたいレシピのひとつです。

材料（2〜3人分）

白菜 … 1/6個 →1cm幅のざく切り

豚バラ薄切り肉 … 200g

豆苗 … 1パック →根元を切り落とす

青ねぎ … 1/2束 →4cm長さに切る

レモン（好みで）… 1個 →くし形切り

[レモン鍋スープ] →混ぜ合わせておく

　　レモン汁 … 1/4カップ（約1と1/2個分）

　　だし汁 … 5カップ

　　塩麹 … 大さじ3

　　塩 … 大さじ1

作り方

1 鍋に白菜と豚肉を入れる。

2 1にレモン鍋スープを加えて中火にかけ、具材がやわらかくなるまで煮込み、塩麹適量（分量外）で味を調える。

3 器に豆苗と青ねぎを入れ、2をとって一緒に食べる。好みでレモンを搾る。

レモン鍋

暑い季節に食べたいさわやかな鍋です。
豆苗や青ねぎは一緒に煮込まず器の中で合わせて
シャキッとした食感を楽しんでくださいね。
酸っぱいモノ好きなら、食べるときに
さらにレモンを搾っても。
〆のおすすめは春雨。おいしいスープを
ぎゅ〜っと吸ってくれます。

タッカンマリ

鶏肉のだしがきいた韓国風の水炊きは、ごまの香りの甘辛だれをつけていただきます。みつばやきゅうり、香菜をトッピングして、さわやかさを加えるのもアリ。わが家で人気の〆は、フォーと韓国のもち・トックです。

材料（2〜3人分）

鶏もも肉 … 1枚（約300g）
　　→ 余分な脂を取り除き4等分に切る
手羽先 … 4本
塩 … 小さじ1
じゃがいも（メークイン）… 3個 → 皮をむく
長ねぎ（白い部分）… 1本分 →3cm長さに切る
A　水 … 6カップ
　　酒 … 1カップ
　　塩 … 小さじ1/2
　　しょうが … 2かけ →繊維を断って薄切り
　　にんにく … 2片 →半分に切る

[つけだれ] →混ぜ合わせて10分ほどおく

青ねぎ … 1/3束 →小口切り
しょうゆ … 大さじ3
酢 … 大さじ3
韓国唐辛子（粗びき）… 大さじ2
ごま油 … 大さじ2
砂糖 … 大さじ1
白すりごま … 大さじ1

作り方

1 鶏肉と手羽先は塩をもみ込んで30分ほどおき、出てきた水分をキッチンペーパーでふきとる。

2 鍋に1、じゃがいも、長ねぎ、Aを入れて火にかけ、煮立ったらふたをして弱火で1時間ほど煮込む。

3 具材に火が通ったら、つけだれをつけて食べる。

ガパオライス

ガパオはタイ料理の人気メニューで、
ひき肉を使うレシピが多いですが、
コロコロに切った鶏むね肉で作ります。
肉に味をしみ込ませるように炒め煮するのがポイント。
豚肉や厚揚げなどで
アレンジしてもおいしいですよ。

38

材料（2人分）

鶏むね肉 … 1枚（約300g）
　　→皮をとって大きめのさいの目切り

塩 … 小さじ1/4

赤唐辛子 … 2本 →種をとる
※辛みが苦手な方はししとうの
小口切りにかえてください

酒 … 大さじ1

にんにく … 1片 →みじん切り

A →混ぜ合わせておく

　オイスターソース … 大さじ1

　砂糖 … 大さじ1

　しょうゆ … 小さじ1

　ナンプラー … 小さじ1

バジルの葉（青じそでも可）… 10枚 →ちぎる

油 … 大さじ2

卵 … 2個 →目玉焼きを作る

ご飯 … 適量

作り方

1. 鶏肉に塩をもみ込む。

2. フライパンに油と赤唐辛子を入れ、香りが出るまで中火で炒める。

3. 1と酒を加えて炒め、肉の色が変わったら水大さじ2、にんにく、**A**を加え（**a**）、汁けがなくなるまで加熱し、バジルを加えて混ぜる。

4. 器にご飯を盛り、3をかけ、目玉焼きをのせる。

材料（2人分）

牛薄切り肉（切り落としでも可）… 200g
玉ねぎ … 1個 → 横に薄切り
トマトピュレ … 1/2カップ
白ワインビネガー … 大さじ2
バター … 40g
牛乳 … 1/4カップ
ローリエ … 1枚
塩 … 小さじ1
ご飯 … 適量
パセリ … 適量 → みじん切り

作り方

1. 玉ねぎは耐熱容器に入れ、ラップをかけずに電子レンジで8分加熱する。

2. 鍋にバター30gを中火で熱し、①を入れて褐色になるまで炒め、トマトピュレと白ワインビネガーを加えてしっかりと煮詰める。

3. フライパンに残りのバターを中火で熱し、牛肉を入れて焦げ目がつくまで炒める。②に加え、水1カップ、牛乳、ローリエを加え、ふたをして弱火で30分ほど煮込み、塩を加えて混ぜる。

4. 器にご飯を盛り、③をかけ、パセリを散らす。

牛肉の軽い煮込み

ご飯にかけて食べる牛肉の煮込みで、いわばハヤシライスのような料理。わが家の大定番レシピです。牛肉は焦げ目をつけるくらいに焼くと旨みになり、牛乳が肉の臭みをとってくれます。

タリアータ

タリアータはイタリアの肉料理です。こんがり焼いた牛肉をマリネ液に漬けておくと、肉の旨みが余すところなく生かされて、マリネ液がおいしいソースになるんです。おもてなしにも重宝しますよ。

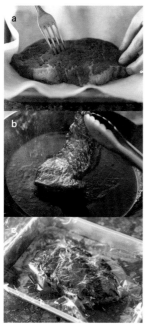

ときどき裏返して味をなじませる。

材料 （2人分）

牛ステーキ用肉 … 1枚（約200g）
塩 … 小さじ1/2
ミニトマト … 10個 →半分に切る
[マリネ液] →混ぜ合わせておく
  オリーブオイル … 大さじ3
  酢 … 大さじ1と1/2
  しょうゆ … 大さじ1
  砂糖 … 小さじ1
  にんにく … 1/2片 →みじん切り
油 … 大さじ1

作り方

1. 牛肉は室温にもどし、筋切りしてフォークで数か所穴をあけ（a）、焼く直前に塩をもみ込む。

2. フライパンに油を熱し、①を入れて表面に焦げ目がつくまで中火で焼く（b）。マリネ液に漬け、ラップをかけて30分ほどおく（c）。

3. ②を薄く切って器に盛り、ミニトマトをのせ、マリネ液をかける。

材料（2人分）

牛薄切り肉 … 200g
紫玉ねぎ（玉ねぎでも可）… 1/4個
　→縦に薄切りにしてさっと水にさらす
きゅうり … 1本 →薄い輪切り
香菜 … 適量 →食べやすく切る

[エスニックだれ] →混ぜ合わせておく
　ナンプラー … 大さじ1
　酢 … 大さじ1
　ごま油 … 大さじ1
　砂糖 … 小さじ2
　しょうゆ … 小さじ1
　にんにく … 1/2片 →すりおろす
油 … 小さじ2
レモン … 適量 →くし形切りにして半分に切る

作り方

1　フライパンに油を熱し、牛肉を入れて焦げ目をつけるように中火で焼き、エスニックだれ大さじ1をまぶして粗熱をとる。

2　器に1と野菜を盛り、残りのエスニックだれをかけて合わせながら食べる。好みでレモンを搾る。

エスニック牛肉サラダ

肉料理が好きなわが家の夏の定番料理で、ご飯にも合うし、そうめんと一緒に食べるのもおすすめです。エスニックだれは、ソテーした野菜や蒸した鶏肉にからめてもおいしいです。

42

牛薄切り肉の スパイシー唐揚げ

ほんのりとクミンをきかせて
揚げ焼きにした牛肉と、青ねぎのたれの
コンビネーションが楽しい料理。
ご飯にもお酒にも合う味です。

材料 （2人分）

牛ロース薄切り肉 … 200g

A クミンシード … 小さじ1/2
　　酒 … 大さじ1
　　塩 … ひとつまみ
　　にんにく … 1/2片 →すりおろす

片栗粉 … 大さじ2

[青ねぎのたれ] →混ぜ合わせておく
　青ねぎ … 1/2束 →小口切り
　しょうゆ … 大さじ1
　ごま油 … 大さじ1

揚げ油 … 適量

作り方

1　牛肉にAをしっかりともみ込み、片栗粉をまぶす。

2　フライパンに1cm高さほどの油を熱し、1を入れてこんがりとするまで中火で揚げ焼きにし、軽く油をきる。器に盛り、青ねぎのたれをかける。

魚介のおかず

魚介のマリネ

人が来るときや、ちょっとごちそうが
食べたいなと思ったときに作る料理です。
魚介と野菜がたくさん食べられて、
時間をおくとおいしくなるし、
なんといっても見た目が華やかで
楽しくなりますよね。
えびはしっかり洗って臭みをとり、
殻付きのまま少ない水分で蒸し煮にすると
ゆでるよりも、しっとりやわらかくなるんです。
ぜひ試してみてください。

殻ごと切り込みを入れて背ワタをとる。

尾の先端は臭みになるので切り落とす。

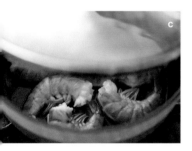

殻付きのまま蒸し煮にするとしっとり
仕上がる。

材料（2〜3人分）

えび（ブラックタイガーなど）… 6尾
白ワイン … 大さじ5
ゆでだこ … 100g → 薄切り
紫玉ねぎ（玉ねぎでも可）
　… 1/2個 → 縦に薄切り
パプリカ（黄）… 1/2個 → 薄切り
ミニトマト … 10個 → 半分に切る
イタリアンパセリ … 適量 → みじん切り
[マリネ液] → 混ぜ合わせておく
　オリーブオイル … 大さじ5
　酢 … 大さじ3
　レモン汁 … 大さじ1（約1/2個分）
塩 … 適量

作り方

1 えびは背にキッチンばさみで切り
込みを入れて背ワタをとり（**a**）、尾
を少し切る（**b**）。片栗粉大さじ1
と塩小さじ1/2（いずれも分量外）
をもみ込んで洗い、キッチンペー
パーで水けをふきとる。

2 フライパンに白ワインと同量の水を
合わせて煮立たせ、アルコール分
をとばす。①を殻付きのまま入れて
中弱火で加熱し、色が変わったら
裏返して火を止める。ふたをして
余熱で火を通し（**c**）、殻をむいて
厚みを半分に切る。蒸し汁大さじ
2はマリネ液に加えて混ぜる。

3 ②のマリネ液にえび、たこ、紫玉ね
ぎ、パプリカ、ミニトマト、イタリアン
パセリを入れて混ぜ合わせ、冷蔵
室で1時間ほどマリネし、塩で味を
調える。

サーモンのピカタと
レモンのタルタル風

マヨネーズを使わずに作る

さわやかな味のソースです。

紫玉ねぎとパセリ、ケイパーは混ぜ込まず、

トッピングすると見た目もきれいで

いつもとちょっと違う楽しみがありますよね。

オイルをかけながら香ばしく焼いた魚と

とても相性がいいので、ソースを混ぜながら、

たっぷりかけて食べてみてください。

46

油をかけながら、9割ほど火を通してから裏返す。

材料（2人分）

サーモンの切り身 … 2切れ

塩 … 小さじ1/4

小麦粉 … 小さじ1

卵 … 1個 → 溶きほぐす

バター … 10g

オリーブオイル … 大さじ1

[レモンのタルタル風ソース]

生クリーム（脂肪分35%）… 1/2カップ

レモン汁 … 大さじ1（約1/2個分）

オリーブオイル … 大さじ1

塩 … 小さじ1/2

紫玉ねぎ（玉ねぎでも可）… 80g → みじん切り

イタリアンパセリ … 大さじ1 → みじん切り

ケイパー … 大さじ1 → みじん切り

作り方

1 サーモンは両面に塩をふり、5分ほどおいて水分をキッチンペーパーでふきとり、小麦粉をまぶす（**a**）。

2 フライパンにバターとオリーブオイルを熱し、①を溶き卵にくぐらせて皮目から入れ、中弱火で香ばしい焼き色がつくまで焼き（**b**）、裏返して焼いたら器に盛る。

3 レモンのタルタル風ソースを作る。生クリームとレモン汁を混ぜ合わせ、とろりとしたらオリーブオイルを加えて混ぜ（**c**）、塩を加えて混ぜる。器に盛り、紫玉ねぎ、イアリアンパセリ、ケイパーをのせる。

4 ③を混ぜながら②にかけて食べる。

えびのマヨネーズソース

マヨネーズががつんとくる、
こってりしたえびマヨが苦手で、
かなりさっぱり味にしたレシピです。
かぶはズッキーニなどでも合いますよ。

材料（2人分）

えび（ブラックタイガーなど）… 6尾
　　→殻をむき、背に切り込みを入れて背ワタをとる
かぶ … 1個 →6〜8つ割り
片栗粉 … 大さじ2
揚げ油 … 適量
[マヨネーズソース] →混ぜ合わせておく
　マヨネーズ … 大さじ3
　牛乳 … 大さじ1
　玉ねぎのみじん切り … 大さじ1
　塩 … 小さじ1/4
レモン（好みで）… 適量 →くし形切り

作り方

1 えびは片栗粉大さじ1と塩小さじ1/2
（いずれも分量外）をもみ込んで洗
い、キッチンペーパーで水けをふきと
る。かぶとともに片栗粉をまぶす。

2 フライパンに1cm高さほどの油を熱
し、かぶを入れてカリッとするまで中
火で揚げ焼きにする。途中でえびを加
え、色が変わったら裏返し、火が通っ
たらかぶとともに油をきる。

3 器に盛り、マヨネーズソースをかけ、好
みでレモンを添える。

いかとトマトのマリナーラ

相性がいい魚介とトマトを合わせました。トマトの皮は湯むきするとひと手間かかるので、包丁でむいてから刻んで一緒に炒め合わせてしまいます。暑い季節は冷たくしてもおいしいです。

材料（2〜3人分）

いか … 2はい
トマト（かためのもの） … 2個
にんにく … 2片 → 薄切り
赤唐辛子 … 1本 → 種をとる
塩 … 小さじ1/2
オリーブオイル … 大さじ2
ライム（好みで） … 適量 → くし形切り
タバスコ（好みで） … 適量

作り方

1. いかは足を引き抜いて内臓や軟骨を取り除き、胴は輪切りにする。トマトは包丁で皮をむき（a）、ざく切りにする。皮は刻む。

2. 鍋にオリーブオイル、にんにく、赤唐辛子を入れ、香りが出るまで中火で炒め、トマトと塩を加える。トマトが煮くずれてきたら、いかの胴と足を加えてさっと炒め（b）、トマトの皮を加えて炒め合わせる。

3. 器に盛り、好みでライムを搾り、タバスコをふる。

たらの四川風炒め

ご飯にのせて食べたくなるあんかけのおかずです。
季節の魚のほか、えび、いか、貝なども合うので、
いろいろ試してみてください。

材料（2人分）

生たらの切り身 … 2切れ
    →ぶつ切り
片栗粉 … 小さじ2
花椒（粒）… 小さじ1
長ねぎ … 1/2本
    →縦半分に切って3cm長さに切る
にんにく … 1片 →薄切り
しょうが … 1かけ
    →繊維を断って薄切り
赤唐辛子 … 2本→種をとる
※辛みが苦手な方は抜いてください
A →混ぜ合わせておく
  みそ … 小さじ1
  しょうゆ … 小さじ1
  砂糖 … 小さじ1
  みりん … 小さじ1

［あんかけ汁］→混ぜ合わせておく
  片栗粉 … 小さじ2
  水 … 1カップ
塩 … 適量
油 … 適量

作り方

1 たらは両面に塩ひとつまみをふり、5分ほどおいて水分をキッチンペーパーでふきとり、片栗粉をまぶす。花椒は同量の油を合わせて刻む。

2 フライパンに油大さじ1を熱し、たらを入れて表面がカリッとするまで中火で焼き、いったん取り出す。

3 2のフライパンに油大さじ1を足し、にんにく、しょうが、赤唐辛子を入れ、香りが出るまで中火で炒め、Aを加えて煮立たせる。

4 あんかけ汁を加えてひと煮立ちさせ、とろみがついたら再びひと煮立ちさせる。たらを戻し入れて長ねぎと花椒を加え、弱火で1分ほど煮込み、塩で味を調える。

卵と鮭の ほぐし身あんかけ

鮭から出るだしで卵を煮てとろみをつけた、これまたご飯にかけたくなるおかずです。片栗粉は酒で溶くと、とろみをつけるときに旨みも加わります。

材料（2人分）

塩鮭の切り身 … 2切れ
卵 … 2個 → 溶きほぐす
A → 混ぜ合わせておく
　水 … 1カップ
　砂糖 … 小さじ1
　しょうゆ … 小さじ1
　しょうが … 1かけ
　　→ せん切り

［酒溶き片栗粉］
　→ 混ぜ合わせておく
　片栗粉 … 小さじ2
　酒 … 大さじ1
油 … 大さじ1
みつば（青ねぎなどでも可） … 適量
　→ ざく切り
ご飯（好みで） … 適量

作り方

1 鮭は魚焼きグリルなどで焼いて粗くほぐし、骨と皮をとり、皮はフライパンでパリッと焼いて刻む。

2 フライパンに油を熱し、溶き卵を流し入れ、菜箸でかき混ぜながら中火で炒める。卵がかたまったらAを加え、鮭の身も加えて1分ほど煮込む。

3 酒溶き片栗粉を加えてひと煮立ちさせ、とろみがついたら再びひと煮立ちさせる。器に盛り、みつばと鮭の皮をのせる。好みでご飯にかけても。

魚のハーブすり身揚げ

タイの揚げ物をオマージュしたレシピです。

一見、難しそうと思われるかもしれませんが
材料をフードプロセッサーでペースト状にして
揚げるだけなので、意外と手軽で楽しいですよ。
冷蔵庫で余りがちなスイートチリソースは
即席で作ってしまいます。
いろいろなジャムで試してみた結果、
あんずジャムがぴったりでした。

104 - 8357

東京都中央区京橋 3-5-7
株式会社主婦と生活社　料理編集

「予約の取れない料理教室
SPICEUPの作りたくなる日々のごはん」

愛読者係　行

ご住所
〒　　　−

☎

お名前(フリガナ)

男 ・ 女　　　年齢　　　歳

ご職業　　**1** 主婦　　**2** 会社員　　**3** 自営業　　**4** 学生　　**5** その他(　　　　　　)

未婚 ・ 既婚(　　　　年)　　　家族構成(年齢)

「予約の取れない料理教室 SPICEUPの作りたくなる日々のごはん」をお買い上げいただき、ありがとうございました。
今後の企画の参考にさせていただくため、アンケートにご協力ください。

お答えいただいた先着1000名様から、抽選で20名様に、小社刊行物（料理本）をプレゼントいたします（刊行物の指定はできませんので、ご了承ください）。
当選者の発表は商品の発送をもってかえさせていただきます。

1 この本を購入された理由は何ですか？

2 この本の中で「作りたい」と思ったレシピを3つお書きください。

（　　　）ページの（　　　　　　　　　　　　　　　　　　　　　　　　　）

（　　　）ページの（　　　　　　　　　　　　　　　　　　　　　　　　　）

（　　　）ページの（　　　　　　　　　　　　　　　　　　　　　　　　　）

3 この本の表紙、内容、ページ数、価格のバランスはいかがですか？

4 あなたが好きな料理研究家と、その理由を教えてください。

5 この本についてのご意見、ご感想をお聞かせください。

6 日頃、料理をする際に参考にしているものを教えてください（複数回答可）。

　1 レシピサイト　　**2** YouTube　　**3** インスタグラムなどのSNS

　4 書籍　　**5** 雑誌　　**6** テレビ　　**7** その他

ご協力ありがとうございました。

材料 (約10個分)

白身魚の切り身 (すずき、鯛、たらなど)
　… 200g → 皮と骨をとる
A 卵 … 1個
　ナンプラー … 小さじ2
　砂糖 … 小さじ1/2
　塩 … 小さじ1/2
バジルの葉 … 10枚 → 粗みじん切り
いんげん … 4本 → 1cm長さに切る
揚げ油 … 適量
[あんずジャムのスイートチリソース]
　→ 混ぜ合わせておく
　あんずジャム … 大さじ3
　酢 … 大さじ1
　タバスコ … 3滴

作り方

1 白身魚はフードプロセッサーに
かけてすり身にする。**A**を加え
てさらに攪拌し、ペースト状にす
る。バジルといんげんを加えて
混ぜる。

2 フライパンに油を入れて中温（約
170度）に熱し、①をスプーンで
すくって落とし入れ（**a**）、きつね
色になるまで揚げる。油をきって
器に盛り、あんずジャムのスイー
トチリソースをつけて食べる。

鯛とエリンギの マスタードクリーム煮込み

魚のクリーム煮込みはご飯にもパンにも合うし、時間もかからないので、レパートリーに加えてもらえたらうれしい料理です。

ゆでたじゃがいもなんかを添えてもいいですね。

マスタードは乳化作用があって、とろみがつきやすくなります。ドレッシング作りなどにも使えるので、買っておくといろいろ楽しめます。

エリンギは水分を搾っておくのがポイント。旨みがぎゅっと凝縮するんです。

水分を抜いてきのこの旨みを凝縮させる。

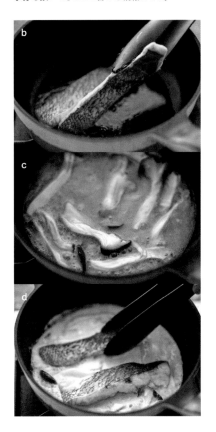

材料（2人分）

鯛の切り身 … 2切れ
エリンギ … 2本 → 手で大きめに裂く
小麦粉 … 小さじ1
ディジョンマスタード … 小さじ2
白ワイン … 1/4カップ
生クリーム（脂肪分35%）… 1/4カップ
しょうゆ … 小さじ1
塩 … 適量
油 … 大さじ2

作り方

1 鯛は両面に塩小さじ1/4をふり、5分ほどおいて水分をキッチンペーパーでふきとり、小麦粉をまぶす。

2 エリンギは塩小さじ1/2と水小さじ1をふってもみ、1分ほどおいて搾る（**a**）。

3 フライパンに油大さじ1を熱し、①を皮目から入れ、中弱火で香ばしい焼き色がつくまで焼き（**b**）、裏返して焼いて、いったん取り出す。

4 ③のフライパンに残りの油を足し、②を入れて中火で炒める。火が通ったらマスタード、白ワイン、水1/4カップを加え、しっかりと煮立たせる（**c**）。

5 生クリームを加え、とろみがつくまで3分ほど煮込み、鯛を戻し入れてなじませ（**d**）、しょうゆと塩で味を調える。

さばのキムチ煮込み

キムチを使う煮込みは韓国料理の定番で、私も大好きなレシピです。旨みたっぷりのキムチは調味料になるので味をびしっと決めてくれます。

材料（2人分）

さばの切り身 … 半身小2枚
　　→半分に切る
白菜キムチ … 80g →ざく切り
木綿豆腐 … 300g →4等分に切る
にんにく … 1/2片 →薄切り
しょうゆ … 小さじ1
韓国唐辛子（粗びき）… 大さじ1/2
みそ … 大さじ1
青ねぎ … 2本 →斜め切り
ごま油 … 小さじ1

作り方

1　さばは熱湯をまわしかける。

2　鍋にキムチ、豆腐、にんにく、しょうゆ、韓国唐辛子、水1カップを入れて火にかけ、ひと煮立ちさせる。

3　②に①を皮を上にして入れ、3分ほど煮たらみそを加えて溶かし、ふたをして弱火で10分ほど煮込む。器に盛り、青ねぎを散らし、ごま油をたらす。

材料（2人分）

あさり（砂抜き済み）… 300g
→ 殻をこすり合わせてよく洗う

緑豆春雨 … 40g
→ 10cm長さに切る

A → 混ぜ合わせておく
　　水 … 1/2カップ
　　ごま油 … 大さじ1
　　しょうゆ … 小さじ1
　　白こしょう（好みで）… 小さじ1/2
しょうが … 2かけ
→ 繊維を断って薄切り
塩 … 適量
香菜（好みで）… 適量 → ざく切り

作り方

1　鍋に春雨、A、しょうが、あさりを入れて火にかけ、沸騰したらふたをして弱火で5分ほど加熱する。

2　あさりの口が開いて春雨がやわらかくなったら、全体を混ぜ合わせて塩で味を調える。器に盛り、好みで香菜を散らす。

あさりの
エスニック風煮込み

あさりは貝ならではのだしが出るのでシンプルな酒蒸しにしてもおいしいのですが、それだけだとご飯のおかずにはちょっと物足りないので、旨みをぎゅーっと吸ってくれる春雨と合わせて軽く煮込んだレシピです。

魚と香味みその
野菜巻き

そのまま食べるのはイマイチ、という
刺し身を買ってしまうこと、ありますよね。
どうにかおいしく食べたいと、
あれこれ試して行き着いたのが香味みそでした。
しょうゆに漬けてみたり、あぶってみたり、
薬野菜で刺し身と香味みそをのせて、
長ねぎのごま油あえも一緒に巻いて食べると
魚の臭みも気にならずにおいしくて
プチパーティー気分も楽しめます。
香味みそはゆで豚やゆで野菜につけたり、
ほかにもいろいろ使えます。

材料（2〜3人分）

好みの刺し身（はまち、かつおなど）… 1さく → 薄切り

[香味みそ]（作りやすい分量）

　にんにく … 1/2片 → みじん切り

　しょうが … 2かけ → みじん切り

　長ねぎ（白い部分）… 1/4本 → みじん切り

　みそ … 50g

　みりん … 大さじ2

　油 … 大さじ1と1/2

[長ねぎのごま油あえ] → あえておく

　長ねぎ（白い部分）… 5cm → 細切り

　ごま油 … 小さじ1

　塩 … 適量

好みの葉野菜（レタスやえごまの葉など）… 適量

タバスコ（好みで）… 適量

作り方

1 香味みそを作る。小さなフライパンに
油、にんにく、しょうが、長ねぎを入れ、
中弱火でねぎが半透明になってしんな
りするまで炒める（**a**）。みそとみりんを
加え（**b**）、弱火でとろみがつくまで混ぜ
ながら煮る（**c**）。

2 器に刺し身、葉野菜、長ねぎのごま油あ
え、①を盛り、葉野菜に刺し身などを巻
いて食べる。好みでタバスコをふっても。

鯛のアラでとるだしで作る
ごちそうご飯です。
ちょっと手間がかかりますが、
アラからはとても
いいだしが出るし、
割と安価なので
ぜひ作ってみてください。

材料 （作りやすい分量）

米 … 300g（2合）
グリーンオリーブ（種なし）
　　… 50g →粗みじん切り
紫玉ねぎ（玉ねぎでも可）
　　… 1/2個 →みじん切り
しょうが … 2かけ →せん切り
いんげん … 100g →3㎝長さに切る
好みの具材（鯛のアラについている身など）
　　… 適量
[鯛だし]（作りやすい分量）
　鯛のアラ（小さめのもの）… 1尾分
　塩 … 適量
　水 … 4カップ
塩 … 小さじ1
オリーブオイル … 大さじ1

作り方

1 鯛だしを作る。鯛のアラはよく水で洗って血合いやうろこ、汚れをとる（**a**）。軽く塩をふって10分ほどおき、キッチンペーパーで水けをふきとる。魚焼きグリルでこんがりと焼き色がつくまで焼く。ついていた身はほぐしてとっておく。

2 鍋に**1**のアラと水を入れて火にかけ、沸騰したら弱火で15分ほど煮て、そのまま冷ます。

3 別の鍋にオリーブオイルを熱し、しょうがと紫玉ねぎを入れて中火で炒める。米を研がずに加え、透き通るまで炒める。

4 炊飯釜に**3**、**2**の鯛だし2カップ、塩、オリーブ、いんげんを入れて炊く。炊き上がったら**1**の身を加えて混ぜる。

歯ブラシを使うと汚れが
とりやすい。

白身魚とエリンギの
エスカベッシュ

かつおのだし汁を使う和風のエスカベッシュです。さっぱりと食べられるので暑い季節の作りおきにおすすめです。

材料（2人分）

白身魚の切り身（鯛、すずき、はもなど）
　　…2切れ →ひと口大に切る
小麦粉 … 適量
エリンギ … 2本 →手で大きめに裂く
青じそ … 10枚 →せん切り
[マリネ液] →混ぜ合わせておく
　｜ だし汁 … 1/4カップ（a）
　｜ 酢 … 1/2カップ
　｜ 砂糖 … 大さじ2
　｜ 塩 … 小さじ1/2
揚げ油 … 適量

作り方

1　フライパンに油を入れて中温（約170度）に熱し、エリンギを入れて軽く色づくまで揚げ、油をきってマリネ液に漬ける。

2　白身魚は小麦粉をまぶし、1の油で揚げて火を通し、油をきって1のマリネ液に漬ける。10分ほどおいて味をなじませ、器に盛り、青じそを合わせながら食べる。

湯1/4カップ強に削り節大さじ1と1/2を入れ、少しおいてこす。

レンズ豆とサーモンのタルタルサラダ

サーモンのタルタルに、旨みのあるレンズ豆を加えてボリュームアップしました。サラダに使うレンズ豆は煮くずれしにくいものがおすすめで、ここではフランス産のものを使っています。

材料（2人分）

サーモン（刺し身用のさく）… 70g
乾燥レンズ豆 … 40g
紫玉ねぎ（玉ねぎでも可）… 小1/4個
　→みじん切り
イタリアンパセリ … 1枝分 →みじん切り
[ドレッシング]
　オリーブオイル … 大さじ2
　酢 … 大さじ1
　塩 … 小さじ1/4
　黒こしょう（粗びき）… 適量
　にんにく … 1/2片
塩 … 適量

作り方

1 サーモンは両面に軽く塩をふり、5分ほどおいて水分をキッチンペーパーでふきとり、細かく刻む。レンズ豆はやわらかくなるまで塩ゆでし、ざるに上げる。

2 ドレッシングを作る。ボウルににんにく以外の材料を入れ、にんにくですり混ぜながら（**a**）、乳化させる。

3 ②にレンズ豆を入れて混ぜ合わせ、紫玉ねぎ、イタリアンパセリ、サーモンを加えてさっと混ぜ、塩で味を調える。器に盛り、好みのパン（分量外）を添える。

にんにくはすりおろして加えるより、やさしい風味がつく。

材料（2人分）

ほたての貝柱（刺し身用）… 6個
[きゅうりソース]
　きゅうり … 1本 →種をとって乱切り
　玉ねぎ … 1/6個 →ひと口大に切る
　にんにく … 1/2片
　ししとう … 4本（ピーマン1個でも可）→半分に切る
　酢 … 大さじ2
　塩 … 小さじ1
　タバスコ（好みで）… 適量
塩・オリーブオイル・バジルの葉 … 各適量

作り方

1 ほたては両面に軽く塩をふり、5分ほどおいて水分をキッチンペーパーで軽くふきとり、厚みを半分に切る。

2 きゅうりソースを作る。きゅうり、玉ねぎ、にんにくは耐熱容器に入れ、ふんわりとラップをかけ、電子レンジで2分加熱する。ししとう、酢、塩とともにブレンダーにかけ、好みでタバスコを加えて混ぜる。

3 器に1を並べ、2をかけて、オリーブオイルをたらして塩をふり、ちぎったバジルを散らす。

ほたての
きゅうりソース
カルパッチョ

メキシコ料理の緑のソースをヒントに
青臭さのあるきゅうりで作ったソース。
ほたてと合わせてカルパッチョにしました。
魚介ととても相性のいいソースです。

えびのチリソース

みんなが好きな中華の定番料理の
ベーシックなレシピです。
えびは片栗粉と塩をふってもみ洗いする
下処理が大事で、臭みがとれて
ぷりっと仕上がります。
水溶き片栗粉は、とろみがついたあとに
もう一度煮立たせて、片栗粉にしっかり
火を通すのが失敗しないコツです。

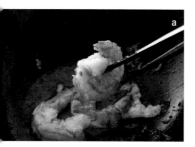

えびに5割ほど火を通すイメージで焼き、順に取り出す。

材料（2〜3人分）

えび（ブラックタイガーなど）… 12尾
→殻をむき、背に切り込みを入れて背ワタをとる

卵白 … 1個分

片栗粉 … 小さじ1

A 長ねぎ … 1/2本 →みじん切り

にんにく … 1片 →すりおろす

しょうが … 2かけ →すりおろす

豆板醤 … 小さじ1

みりん … 大さじ1

トマトケチャップ … 大さじ2

鶏ガラスープ … 1/2カップ
→市販の鶏ガラスープの素を湯で溶く

[水溶き片栗粉]
→混ぜ合わせておく

片栗粉 … 小さじ1

水 … 大さじ1

塩 … 小さじ1/4

油 … 大さじ2

ごま油 … 適量

ご飯・香菜（好みで）… 各適量

作り方

1 えびは片栗粉大さじ2と塩小さじ1（いずれも分量外）をもみ込んで洗い、キッチンペーパーで水けをふきとり、卵白と片栗粉をもみ込む。

2 フライパンに油大さじ1を熱し、1を中火でさっと焼き（a）、いったん取り出す（b）。

3 2のフライパンをキッチンペーパーでふき、残りの油とAを入れ、香りが出るまで中弱火でじっくりと炒める（c）。

4 みりんを加えて炒め、トマトケチャップを加えて酸味がとぶまで炒める。鶏ガラスープを加えてひと煮立ちさせ（d）、えびを戻し入れる（e）。

5 えびに火が通ったら水溶き片栗粉を加えてひと煮立ちさせ、とろみがついたら再びひと煮立ちさせて、塩で味を調える。器に盛り、ごま油をさっとまわしかける。好みでご飯にのせ、香菜を添えても。

副菜＆つまみ

りんごと玉ねぎのドレッシングの
レタスサラダ

ドレッシングはちゃんと乳化させれば分離しないので、
絶えず混ぜながら仕上げるのが大事なポイントです。
清潔な保存容器に入れて冷蔵室で5日間ほど
保存できるのでいろんな野菜と合わせてみてくださいね。

パセリとツナのサラダ

大好きなパセリが主役のサラダです。
パセリは冷蔵庫で余りがち、
という方もいると思いますが
こんなふうに使えばモリモリ食べられます。

レシピ→p68

ほうれん草のスパイス炒め

マスタードシードはプチプチ感が楽しいスパイス。
シンプルな青菜炒めのアクセントになります。

自家製リコッタチーズと
果物のサラダ

自家製リコッタチーズは、フレッシュなおいしさで、
果物と合わせてもいいし、そのまま食べてもおいしい。
材料を混ぜるプロセスも実験気分で楽しめます。

枝豆の春巻き

豆の青臭さとバジルの香りを生かした
シンプルな味付けで、
つまみやお弁当のおかずに
便利な春巻きです。

レシピ → p69

パセリとツナのサラダ

りんごと玉ねぎのドレッシングのレタスサラダ

材料（2人分）

パセリ … 1束 → みじん切り
[ツナドレッシング]
　ツナ缶（油漬け）… 70g
　酢 … 大さじ1
　塩 … 小さじ1/2
　黒こしょう（粗びき）… 適量
紫玉ねぎ（玉ねぎでも可）… 1/4個 → 縦に薄切り
ゆで卵 … 1個 → フォークでつぶす
クミンシード … 小さじ1/2 → フライパンでから炒り
塩 … 適量

作り方

1 ボウルにツナドレッシングの材料をすべて入れて混ぜ合わせる。

2 パセリ、紫玉ねぎ、ゆで卵を加えて混ぜ合わせ、塩で味を調える。器に盛り、クミンシードを散らす。

材料（2人分）

レタス … 1/4玉
[りんごドと玉ねぎのレッシング]（作りやすい分量）
　ディジョンマスタード … 小さじ2
　油 … 40mℓ
　酢 … 20mℓ
　りんごのすりおろし … 大さじ1
　玉ねぎのすりおろし … 大さじ1
　塩 … 適量

作り方

1 りんごと玉ねぎのドレッシングを作る。ボウルにマスタードを入れ、半量の油を少しずつ加えながら泡立て器で混ぜ、乳化させる。半量の酢を少しずつ加え、混ぜ合わせる。

2 残りの油を少しずつ加えて同様に混ぜ、残りの酢、りんご、玉ねぎを加えて混ぜ、塩で味を調える。

3 レタスは水にさらしてちぎり、しっかりと水けをきって器に盛り、②をかけて食べる。

ほうれん草のスパイス炒め

材料 （2人分）

ほうれん草 … 1束
　→ 食べやすく切る
マスタードシード … 小さじ1/2
赤唐辛子 … 1本 → 種をとる
塩 … 小さじ1/2
油 … 大さじ1

作り方

1️⃣ フライパンに油、マスタードシード、赤唐辛子を入れて香りが出るまで中火で炒める。ほうれん草と塩を加え、くたっとするまでしっかりと炒める。

自家製リコッタチーズと果物のサラダ

材料 （2人分）

[自家製リコッタチーズ]
　牛乳 … 2と1/2カップ
　生クリーム（脂肪分35％）
　　… 1/2カップ
　塩 … 小さじ1/2
　グラニュー糖（上白糖でも可）
　　… 5g
　レモン汁
　　… 大さじ2（約1個分）
好みの果物（いちごなど）… 適量
　→ 食べやすく切る
オリーブオイル … 適量

作り方

1️⃣ リコッタチーズを作る。小鍋にレモン汁以外の材料を入れてよく混ぜ、中火にかける。ふつふつとしてきたらレモン汁を加える。ほろほろとかたまり出したら火を止め、10分ほどおく。

2️⃣ キッチンペーパーを重ねたざるなどでこし、水分をきって冷ます。器に盛り、果物を添え、オリーブオイルをかける。

枝豆の春巻き

材料 （6本分）

[春巻きの具]
　→よく混ぜ合わせておく
　鶏ももひき肉 … 100g
　枝豆（ゆでてさやから出したもの）
　　… 大さじ4
　バジルの葉 … 1枝分
　　→ちぎる
　玉ねぎ … 1/4個
　　→ みじん切り
　片栗粉 … 小さじ2
　塩 … 小さじ1/2
春巻きの皮 … 6枚
揚げ油 … 適量

作り方

1️⃣ 春巻きの皮は角を手前にして広げ、6等分した具をのせ、手前と左右の角を順に内側に折り、向こう側に巻いて巻き終わりに水溶き小麦粉（分量外）をつけてとじる。

2️⃣ フライパンに1cm高さほどの油を熱し、1️⃣を入れてこんがりとするまで中弱火で揚げ焼きにする。

蒸し豆腐のにらがけ

豆腐は蒸すと味が濃くなります。
超シンプルなレシピなので、
忙しいときの副菜にぜひ！

卵の塩水漬け

ゆで卵の白さを生かしたくて塩水に漬けました。
野菜の塩水漬けもおいしいので、ミニトマト以外に
オクラやズッキーニ、かぶなどもお試しください。

長いもとねぎの炒め物

長いもは大好きな食材のひとつです。
こんがり炒めると本当においしくて、
青ねぎを加えてみたら、これまた美味！

焼きなすのベトナム風

焼きなすの皮をむく手間を省いて
切り込みを入れ、
青ねぎとベトナムの
調味だれをかけた簡単レシピです。
1本ペロリと食べられてしまいます。

レシピ→p72

白菜の黒酢くたくた煮込み

加熱するほどに旨みの出る
白菜の煮込みです。
黒酢も煮込むと酸味がとんで
旨みが残ります。

いんげんのくたくた煮込み
青じそあえ

くたくたのいんげんと青じその風味の
ギャップが楽しい一品です。

きのこと漬け物の炒め物

ご飯によく合う副菜です。
漬け物は食感も楽しいし、
調味料がわりにもなるんです。

レシピ → p73

卵の塩水漬け

材料（作りやすい分量）

卵 … 6〜8個
昆布 … 5cm
塩 … 小さじ2
ミニトマト … 10個
レモン（輪切り）
　… 2枚

作り方

1 鍋に水2カップと昆布を入れ、10分ほどつけておく。

2 別の鍋に湯を沸かし、冷蔵室から出した卵を入れて8分ゆで、水にとって殻をむく。

3 ①の鍋を火にかけ、煮立ったら昆布を除き、塩、②、ミニトマト、レモンを加え、粗熱がとれたら保存容器に移して冷蔵室で6時間ねかせる。

蒸し豆腐のにらがけ

材料（1人分）

絹ごし豆腐 … 100g
にら … 1/4束 →小口切り
しょうゆ … 小さじ2
ごま油 … 大さじ1と1/2

作り方

1 耐熱の器に入れた豆腐を、蒸気の上がった蒸し器に入れ、3分ほど蒸す。余分な水分をスプーンなどですくって除き、にらをのせてしょうゆをかけ、熱したごま油をかける。

焼きなすのベトナム風

材料（2人分）

なす … 2本
[ヌクチャム] →混ぜ合わせておく
　ヌクマム（ナンプラーでも可） … 大さじ1
　レモン汁 … 大さじ1
　砂糖 … 小さじ2
青ねぎ … 1/4束 →小口切り
ごま油 … 大さじ2

作り方

1 250度に予熱したオーブンになすを丸ごと入れ、やわらかくなるまで15分ほど焼く。

2 器に盛り、真ん中に切り込みを入れて青ねぎをのせる。ヌクチャムをかけ、熱したごま油をまわしかける。

長いもとねぎの炒め物

材料（2人分）

長いも … 150g →拍子木切り
青ねぎ … 2本 →小口切り
塩 … 小さじ1/2
しょうゆ … 小さじ1
油 … 大さじ1

作り方

1 フライパンに油を熱し、長いもを入れて中火で焼き色がつくまで炒める。塩としょうゆを加えて炒め、青ねぎを加えて炒め合わせる。

いんげんの くたくた煮込み 青じそあえ

材料（2人分）

いんげん … 10本 →両端を切り落とす
青じそ … 10枚 →ちぎる
赤唐辛子 … 1本 →種をとる
塩 … 小さじ1/2
オリーブオイル … 大さじ2

作り方

1 鍋にオリーブオイルと赤唐辛子を入れ、香りが出るまで中火で炒める。

2 いんげんを加えてざっと混ぜ合わせ、水1/2カップを加え、ふたをしてくたくたになるまで弱火で10分ほど煮込む。塩を加えて混ぜ、青じそを加えて混ぜ合わせる。

白菜の黒酢 くたくた煮込み

材料（4人分）

白菜 … 1/6個 →軸は細切り、葉はざく切り
豚ひき肉 … 100g
赤唐辛子 … 2本 →種をとる
A →混ぜ合わせておく
　黒酢 … 大さじ2
　しょうゆ … 大さじ1
　砂糖 … 小さじ1
塩・ごま油 … 各適量
油 … 大さじ1

作り方

1 鍋に油と赤唐辛子を入れ、香りが出るまで中火で炒め、ひき肉を加えて炒める。

2 白菜の軸の部分を加えて炒め合わせ、かさが減ってきたら葉の部分を加え、全体をざっくり混ぜる。

3 Aを加え、ふたをして弱火で15分ほど煮込み、塩とごま油で味を調える。

きのこと 漬け物の炒め物

材料（2人分）

エリンギ … 2本 →手で細かく裂く
べったら漬け（市販品）… 約2cm →細切り
塩 … 適量
油 … 大さじ1

作り方

1 エリンギは塩小さじ1/2と水小さじ1をふってもみ、1分ほどおいて搾る。

2 フライパンに油を熱し、べったら漬けを中火で軽く炒める。1を加えて炒め、塩で味を調える。

アボカドの
唐辛子しょうゆあえ

唐辛子としょうゆのたれはとても便利。
清潔な保存容器に入れて
冷蔵室で4～5日間保存できます。
ここでは、まろやかな味のアボカドに
ガツンとアクセントを加えます。

トマトの
唐辛子しょうゆがけ

唐辛子しょうゆは
トマトにもよく合います。
野菜だけでなく、
豆腐にかけてもおいしいです。

パイナップルと
レモンのあえ物

パイナップル、レモン、しょうがの
意外な組み合わせが
とても合うんです。
レモンのかわりにライムでも。

レシピ → p76

しょうがのつくだ煮

昔から作り続けているレシピのひとつです。箸休めはもちろん、おにぎりの具にしたり麺にかけたり、とにかく重宝するので、ぜひ、常備してみてくださいね。

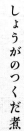

ちくわとクミンの揚げ物

ちくわの磯辺揚げの青のりをクミンシードにしてみました。手軽にスパイス感を楽しめるので、スパイス使いに慣れていない方にもおすすめのレシピです。

ちくわの肉詰め

台湾で食べた味を再現しました。ご飯にもビールにも合うので、日々のごはんで大活躍です。

レシピ→p77

トマトの唐辛子しょうゆがけ

材料（2人分）

トマト … 2個
唐辛子しょうゆ
（「アボカドの唐辛子しょうゆあえ」参照）
　　　… 大さじ2

作り方

1 トマトは薄い半月切りにする。器に
盛り、唐辛子しょうゆをかける。

アボカドの唐辛子しょうゆあえ

材料（2人分）

アボカド … 1個
[唐辛子しょうゆ]（作りやすい分量）
→混ぜ合わせておく
青唐辛子 … 2～3本 →みじん切り
韓国唐辛子（粗びき） … 小さじ2
しょうが … 2かけ →みじん切り
しょうゆ … 1/4カップ

作り方

1 アボカドは皮と種をとってひと口大に切る。
器に盛り、唐辛子しょうゆ大さじ2をかける。

パイナップルとレモンのあえ物

材料（2人分）

パイナップル（カットパイン） … 200g
A レモン汁
　　… 大さじ1/2（約1/4個分）
しょうが … 1かけ →みじん切り
オリーブオイル … 大さじ1
塩 … 小さじ1/4

作り方

1 ボウルに**A**を入れて混ぜ合わせ、
パイナップルを加えてあえる。

ちくわの肉詰め

材料（4人分）

ちくわ … 4本 →縦半分に切る

[肉だね] →よく混ぜ合わせておく

　豚ひき肉 … 100g

　しょうが … 1かけ →みじん切り

　酒 … 小さじ1

　片栗粉 … 小さじ1

　塩 … ひとつまみ

揚げ油 … 大さじ2

作り方

1 ちくわの切り口に肉だねを等分に詰める。

2 フライパンに油を熱し、肉だねの面を下にして入れ、こんがりとするまで中火で揚げ焼きにする。

ちくわとクミンの揚げ物

材料（4人分）

ちくわ … 4本 →縦半分に切る

[ころも] →混ぜ合わせておく

　薄力粉 … 大さじ2

　牛乳 … 大さじ2

　マヨネーズ … 大さじ1

　クミンシード … 小さじ1

　カレー粉 … 小さじ1/2

揚げ油 … 大さじ2

作り方

1 フライパンに油を熱し、ころもをつけたちくわを入れて、こんがりとするまで中火で揚げ焼きにする。半分に切って器に盛る。

しょうがのつくだ煮

材料（作りやすい分量）

しょうが … 約80g
　→せん切り

しめじ … 1パック
　→石づきを落としてほぐす

A →混ぜ合わせておく

　しょうゆ … 大さじ1と1/2

　みりん … 大さじ1と1/2

　酒 … 大さじ1

　砂糖 … 小さじ1

油 … 小さじ2

作り方

1 フライパンに油を熱し、しょうがとしめじを入れてしんなりするまで中火で炒める。Aを加え、汁けがなくなるまでじっくりと煮詰める。

カレー＆麺

米粉とスパイスで作る
チキンカレー

自家製のカレールウを使って作る
みんなが大好きなチキンカレーです。
今回は鶏肉の存在感を生かした
シンプルなレシピですが、
私は揚げなすをトッピングするのが好きで、
ゆで卵をのせてもおいしいですよ。
ルウは米粉で作るので、さらっとした味わい。
作り方は意外と難しくないので、
ぜひ一度、手作りルウで作るカレーの味を
楽しんでみてください！

材料 （2〜3人分）

鶏もも肉 … 大1枚（約400g）→6等分に切る

玉ねぎ … 1個 → 横に5mm幅に切る

鶏ガラスープ … 2カップ → 市販の鶏ガラスープの素を湯で溶く

にんにく … 1/2片 → すりおろす

しょうが … 1かけ → すりおろす

自家製カレールウ … 全量

ウスターソース（中濃ソースでも可） … 大さじ2

塩 … 適量

油 … 大さじ1

ご飯 … 適量

作り方

1 フライパンに油をひき、鶏肉の皮目から入れて中火にかけ、焼き色がついたら裏返して焼き（**a**）、いったん取り出す。

2 **1**のフライパンに玉ねぎと塩小さじ1/4を入れて玉ねぎが色づくまで炒め（**b**）、鶏肉を戻し入れる。

3 鶏ガラスープを注ぎ（**c**）、にんにくとしょうがを加えて煮立たせ、ふたをして鶏肉に火が通るまで弱火で15分ほど煮込む。

4 カレールウを加え（**d**）、とろみがつくまで加熱し、ウスターソースを加え、塩で味を調える。

5 器にご飯を盛り、**4**をかける。

米粉で作る
自家製カレールウ

材料 と 作り方 （2〜3皿分）

フライパンにカレー粉大さじ3とガラムマサラ小さじ1を入れ、香ばしい香りがしてくるまで中弱火でから炒りする。油大さじ3を加えてなじませ、火を止めて米粉大さじ2とトマトペースト大さじ1を加え、とろみが出るまで混ぜる（清潔な保存容器に入れ、冷蔵室で約1週間、冷凍室で約1か月間保存可）。

少しくらいの焦げは旨みになる。

卵のカレー

なんといっても見た目のインパクトとかわいらしさで大好きなカレーです。仕上げにゆで卵をひとつぶしてなじませると、とろみになるんです。

材料（2人分）

ゆで卵 … 5個
　→縦に数か所切り込みを入れる
玉ねぎ … 1/2個 →横に5mm幅に切る
トマト … 1個 →ざく切り
にんにく … 1片 →すりおろす
しょうが … 1かけ →すりおろす
A（カレー粉大さじ2でも可）
　コリアンダーパウダー … 小さじ3
　クミンパウダー … 小さじ2
　パプリカパウダー … 小さじ1
　ターメリック … 小さじ1/4
ししとう … 4本 →縦半分に切る
塩 … 適量
油 … 大さじ2
ご飯・香菜（好みで） … 各適量

作り方

1. フライパンに油を熱し、ゆで卵を入れ、ふたをして中火で表面を香ばしく焼き（**a**）、いったん取り出す。

2. ①のフライパンに玉ねぎと塩小さじ1/4を入れ、玉ねぎが色づくまで炒め、トマトを加え、しっかりと水分をとばしながら炒める。

3. にんにく、しょうが、**A**を加え（**b**）、香りが出るまで炒め、水1カップを加えて煮立たせる。

4. ゆで卵を戻し入れ、とろみがつくまで加熱し、卵をひとつだけつぶしてなじませる（**c**）。ししとうを加えて火を通し、塩で味を調える。器に盛り、好みでご飯と香菜を添える。

中華カレー

鶏ひき肉から出る旨みで
十分おいしくなるので
超シンプルなレシピです。
季節によっては白菜のかわりに
ズッキーニやトマトもいいですよ。

材料（2人分）

鶏ひき肉 … 150g

白菜 … 2枚 →ざく切り

A カレー粉 … 小さじ2
　　しょうゆ … 小さじ1
　　塩 … 小さじ1

［**水溶き片栗粉**］→混ぜ合わせておく
　　片栗粉 … 小さじ2
　　水 … 小さじ2

油 … 大さじ2

ごま油 … 適量

ご飯 … 適量

作り方

1 フライパンに油大さじ1を熱し、白菜を入れて中火で炒め（少しかためがおすすめ）、片側に寄せる。

2 空いたところに残りの油を足し、ひき肉を入れて炒める。火が通ったら水1と1/4カップを加え、ひと煮立ちさせる。

3 **A**を加えてなじませたら、水溶き片栗粉を加えて煮立たせ、とろみがついたら再びひと煮立ちさせ、ごま油をたらす。器に盛り、ご飯を添える。

シンプルキーマカレー

食べた人みんなにおいしいと言ってもらえる
スタンダードなキーマカレーです。
スパイスカレーの基本的な作り方なので、
一度チャレンジすると、
カレー作りの楽しさを味わってもらえるはず！
辛いのが苦手な方は、赤唐辛子や
カイエンペッパーを減らして、かわりに
しょうがやにんにくを増やしてもおいしいですよ。

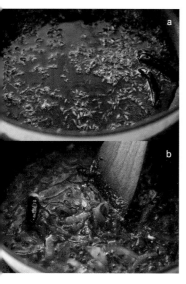

トマトピュレとヨーグルトの水分をとばすことでコクが出る。

ひき肉の表面をしっかりと焼く。

表面に油が浮かんだらできあがりのサイン。

材料（2人分）

合いびき肉 … 200g

玉ねぎ … 1/2個 →横に薄切り

赤唐辛子 … 2本 →種をとる

クミンシード（あれば） … 小さじ1

トマトピュレ … 大さじ3

プレーンヨーグルト（無糖） … 大さじ3

A（カレー粉大さじ2でも可）

　コリアンダーパウダー … 小さじ3

　クミンパウダー … 小さじ2

　ターメリック … 小さじ1/2

　パプリカパウダー … 小さじ1/2

　カイエンペッパー … 小さじ1/2〜1

　※辛みが苦手な方は抜いてください

にんにく … 1片 →すりおろす

しょうが … 1かけ →すりおろす

ローリエ … 1枚

塩 … 適量

油 … 適量

ご飯 … 適量

作り方

1 フライパンに油大さじ1、赤唐辛子、クミンシードを入れて、香りが出るまで中火で炒め（**a**）、玉ねぎと塩小さじ1/4を加え、玉ねぎが色づくまで炒める。

2 トマトピュレを加えて炒め、しっかりと水分をとばし、ヨーグルトを加えてさらに水分をとばす（**b**）。**A**を加えて中弱火で20秒ほど炒め、にんにくとしょうがを加えてさらに炒める（**c**）。

3 別のフライパンに油小さじ1を熱し、ひき肉を入れて大きめにほぐしながら中火で炒める（**d**）。余分な油脂はキッチンペーパーでとる。

4 ③を②に加えてざっと混ぜ合わせ、水1カップとローリエを加え、好みの水分量になるまで弱火で煮込む（**e**）。塩で味を調え、器に盛り、ご飯を添える。

ピーマンで作る
グリーンカレー

ピーマンでグリーンカレーペーストを作る
やさしい味のエスニックカレーです。

ペーストさえ作れば、

手間も時間もかからないので

トライしてみてくださいね。

材料（2人分）

[グリーンカレーペースト]

　ピーマン … 3〜4個（100g）→種をとる

　青じそ … 10枚

　にんにく … 1片

　しょうが … 1かけ

　玉ねぎ … 1/4個

　水 … 1/2カップ

　コリアンダーパウダー … 小さじ2

　クミンパウダー … 小さじ2

　カイエンペッパー … 小さじ1/2

　※辛みが苦手な方は抜いてください

　アンチョビフィレ … 2切れ

鶏もも肉 … 1/2枚（約150g）→ひと口大に切る

パプリカ（黄）… 1個 →ひと口大に切る

カルダモン … 4個

赤唐辛子 … 1本 →種をとる

ココナッツミルク … 1カップ

ナンプラー … 大さじ1

砂糖 … 小さじ2

塩 … 小さじ1/2〜1

油 … 大さじ2

ご飯 … 適量

作り方

1　グリーンカレーペーストの材料をフードプロセッサー
　（またはミキサー）に入れて撹拌する（a）。

2　鍋に、油、カルダモン、赤唐辛子を入れ、香りが出る
　まで中火で炒める。1を加え、香りが出るまで加熱
　し、鶏肉とパプリカを加えて煮る。

3　ココナッツミルク、ナンプラー、砂糖を加え、具材に
　火が通るまで弱火で10〜15分ほど煮込み、味を
　みながら塩で味を調える。器に盛り、ご飯を添える。

ポークビンダルー

酸味がきいた豚肉のスパイス煮込みです。時間があれば豚肉をひと晩マリネするといっそうおいしくなります。

材料（2〜3人分）

豚肩ロースブロック肉 … 300g
　→ 大きめのひと口大に切る

[マリネ液]
　酢 … 大さじ3
　塩 … 3g(肉の1%)
　砂糖 … 小さじ1
　にんにく … 1片 → すりおろす
　しょうが … 1かけ → すりおろす

[スパイスA]
　コリアンダーパウダー … 小さじ1
　クミンパウダー … 小さじ1
　カイエンペッパー … 小さじ1/2
玉ねぎ … 大1個 → 横に薄切り
トマトピュレ … 1/2カップ

[スパイスB]
　コリアンダーパウダー … 小さじ1
　クミンパウダー … 小さじ1
　ガラムマサラ … 小さじ1
　カイエンペッパー … 小さじ1/2
しょうゆ … 小さじ2
塩 … 適量
油 … 大さじ2

※辛みが苦手な方はスパイスのカイエンペッパーをパプリカパウダーにしてください

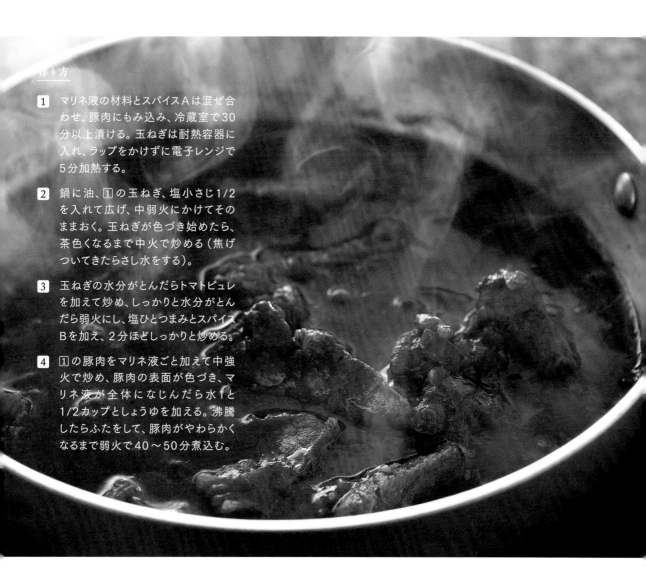

作り方

1　マリネ液の材料とスパイスAは混ぜ合わせ、豚肉にもみ込み、冷蔵室で30分以上漬ける。玉ねぎは耐熱容器に入れ、ラップをかけずに電子レンジで5分加熱する。

2　鍋に油、①の玉ねぎ、塩小さじ1/2を入れて広げ、中弱火にかけてそのままおく。玉ねぎが色づき始めたら、茶色くなるまで中火で炒める（焦げついてきたらさし水をする）。

3　玉ねぎの水分がとんだらトマトピュレを加えて炒め、しっかりと水分がとんだら弱火にし、塩ひとつまみとスパイスBを加え、2分ほどしっかりと炒める。

4　①の豚肉をマリネ液ごと加えて中強火で炒め、豚肉の表面が色づき、マリネ液が全体になじんだら水1と1/2カップとしょうゆを加える。沸騰したらふたをして、豚肉がやわらかくなるまで弱火で40〜50分煮込む。

里いもとしらすのカレー

里いもをおいしく食べるカレーです。"カレーに福神漬け"のように食感を加えるため、生のピーマンのしゃっきり感を生かしたレモンあえをのせていただきます。

材料（2人分）

里いも … 4個（正味約200g）→ひと口大に切る
長ねぎ（白い部分）… 1/2本 →1cm長さに切る
しらす干し … 40g
[スパイス]（カレー粉大さじ1でも可）
　クミンパウダー … 小さじ2
　コリアンダーパウダー … 小さじ1
　ターメリック … 小さじ1/2
塩 … 小さじ1
油 … 大さじ1
[ピーマンのレモンあえ] →あえておく
　ピーマン … 2個 →種をとって1cm四方に切る
　レモン汁 … 大さじ1
　塩 … ひとつまみ
　黒こしょう（粗びき）… 適量

作り方

1 鍋にピーマンのレモンあえ以外の材料と水大さじ2を入れ（**a**）、ふたをしてときどき混ぜながら弱火で里いもがやわらかくなるまで煮る。

2 器に盛り、ピーマンのレモンあえをのせる。

牛肉とねぎのカレーうどん

甘めでホッとする味の
関西風の定番カレーうどんです。
炒めた長ねぎの甘みや風味が溶け出た
つゆのおいしさを楽しんでください。

材料（2人分）

うどん（ゆで麺）… 2玉
牛薄切り肉 … 100g
長ねぎ … 1/2本 →1cm長さに切る
カレー粉 … 大さじ2
油揚げ … 1枚 →短冊切り
だし汁 … 3カップ
みりん … 大さじ2
しょうゆ … 大さじ2
塩 … 小さじ1/2～1
[水溶き片栗粉]
 片栗粉 … 小さじ2
 水 … 大さじ2
ガラムマサラ … 小さじ1
油 … 大さじ1
青ねぎ … 適量 →斜め切り

作り方

1 鍋に油を熱し、長ねぎを入れて中火でしっかりと炒め、牛肉とカレー粉を加えて炒め合わせる。

2 だし汁、みりん、しょうゆを加えてひと煮立ちさせ、味をみながら塩で味を調える。油揚げを加えて混ぜ、水溶き片栗粉を加えてひと煮立ちさせ、とろみがついたら再びひと煮立ちさせ、ガラムマサラを加えてなじませる。

3 うどんを軽くゆでで水けをきり、器に盛って2をかけ、青ねぎを散らす。

ねぎとじゃこの
焼きそば

家呑みの〆にもおすすめの焼きそば。長ねぎ1本は余すところなく青い部分も使います。ねぎはしっかりと炒めて味を引き出し、じゃこはカリッとさせるのがポイントです。

材料（2人分）

中華麺（蒸し麺）… 2玉
長ねぎ … 1本
ちりめんじゃこ … 大さじ3
しょうゆ … 大さじ1と1/2
塩 … 小さじ1/4
油 … 大さじ3
レモン … 1/4個
　→くし形切りにして半分に切る

作り方

1 長ねぎは白い部分を1cm長さに切り、青い部分を斜め薄切りにする。

2 フライパンに油大さじ2を熱し、長ねぎの白い部分を中火で炒め、焦げ目がついたらじゃこを加えて炒める（**a**）。しょうゆを加え、大きめのボウルに入れる。

3 ②のフライパンをキッチンペーパーでさっとふき、残りの油、水大さじ2、塩、長ねぎの青い部分を入れて中火で炒め、中華麺を加えて炒め合わせる。

4 ③を②に加えてざっと混ぜ合わせ、器に盛り、レモンを添える。

材料（2人分）

稲庭うどん（乾麺）… 2束（200g）

豚肩ロース薄切り肉 … 100g

きゅうり … 1本 →せん切り

香菜 … 1枝 →ざく切り

かいわれ大根 … 1パック
　　　→根元を切り落とす

[にらつけだれ]（作りやすい分量）

　にら … 1/2束 →1㎝長さに切る

　だし汁 … 1/4カップ

　しょうゆ … 大さじ3

　砂糖 … 大さじ1

　みそ … 大さじ1

　酢 … 大さじ1

　油 … 大さじ2

白いりごま・山椒・七味唐辛子
　　（いずれも好みで）… 各適量

作り方

1 にらつけだれを作る。ボウルににらと
油以外の材料を入れてよく混ぜ合わ
せ、にらと油を加えて混ぜ合わせる。

2 うどんは袋の表示通りにゆで、水でしめ
めてざるに上げる。豚肉はゆでて水け
をきる。

3 器にうどんを盛り、豚肉と野菜をのせ、
①をかけて食べる。好みで白ごま、山
椒、七味唐辛子をふっても。

にら麺

暑い季節にも楽しめる麺料理です。
ゆでたうどん（そうめんもいいですね）に
それぞれ好みでゆで豚や野菜をのせて、
にらたっぷりのたれをかけていただきます。

温かい麻醤麺

台湾で食べた、見た目は地味ながら
ごまと麺との相性が驚くほど合っていて、
おいしかったあえ麺をヒントに作ったレシピです。
野菜はなんでもいいのですが、
あっさりとした味のキャベツやもやしがおすすめ。
やさしい味に仕上げてくれます。
そのままでもおいしいのですが、
自家製ラー油をかけると味がピリッとしまります。

材 料（2人分）

中華麺（蒸し麺）
　　… 2玉（乾麺140gでも）
キャベツ … 2枚
　　→ 食べやすくちぎる
もやし … 1/2袋
[麻醤]（作りやすい分量）
　　白練りごま … 大さじ3
　　しょうゆ … 大さじ1
　　砂糖 … 小さじ1
　　黒酢（酢でも可）… 小さじ1
　　塩 … 小さじ1/2
　　水 … 小さじ2
　　ごま油 … 大さじ2
塩 … 適量
油 … 小さじ2
自家製ラー油（好みで）… 適量

作り方

1 麻醤を作る。ボウルにごま油
　以外の材料を順に入れながら
　そのつど混ぜ合わせ、ごま油
　を加えてよく混ぜる。

2 フライパンに油を熱し、中火で
　キャベツともやしを炒め、塩で
　味を調える。

3 器に1を入れ、軽くゆでて水
　けをきった中華麺と2を順に
　のせる。食べるときに好みで
　ラー油をかけ、混ぜ合わせな
　がら食べる。

自家製ラー油

材 料 と 作 り 方 （作りやすい分量）

① 韓国唐辛子（粗びき）・水各大さじ1、しょ
　うゆ小さじ1を混ぜ合わせる（a）。
② フライパンに油大さじ3とごま油大さじ1
　を入れて弱火にかけ、①を加え（b）、混
　ぜながら弱火で2〜3分加熱する（c）。
　粗熱がとれたら清潔な保存びんに入れ、
　冷蔵室で保存する（約1週間保存可）。

オイルサーディンとレーズンのパスタ

青魚とレーズンはとっても相性がよくて、ときどき無性に食べたくなります。生のいわしを使ってもおいしいですが、オイルサーディンならそれだけで味が決まります。

材料（2人分）

スパゲッティ … 200g

オイルサーディン缶 … 1缶（約100g）
　→フォークでほぐす

レーズン … 大さじ2 →粗みじん切り

にんにく … 1片 →みじん切り

赤唐辛子 … 1本 →種をとる

玉ねぎ … 1/4個 →横に薄切り

塩 … 適量

オリーブオイル … 大さじ3

黒こしょう（粗びき）… 適量

作り方

1. フライパンにオリーブオイル、にんにく、赤唐辛子、玉ねぎを入れ、香りが出るまで中火で炒める。

2. オイルサーディンを油ごと加え、塩小さじ1/2と水大さじ3を加えてひと煮立ちさせる。

3. 鍋に2ℓの湯を沸かして塩小さじ2を加え、袋の表示より1分短めにスパゲッティをゆでてざるに上げる。

4. ③とレーズンを②に加えて混ぜ、塩で味を調える。器に盛り、黒こしょうをふる。

サルシッチャのパスタ

ひき肉やハーブを合わせて作るイタリアのソーセージのようなサルシッチャをヒントにしたパスタ料理です。塩味だけの超シンプルレシピですが、食べるときに生クリームをかけても。

材料（2人分）

ペンネ … 180g

豚ひき肉 … 200g

玉ねぎ … 1/4個 →みじん切り

ナツメグパウダー … 少々

塩 … 適量

オリーブオイル … 適量

イタリアンパセリ … 適量 →粗みじん切り

作り方

1. ひき肉に塩ひとつまみ、水大さじ2、玉ねぎ、ナツメグを加えてしっかりと混ぜる。

2. フライパンにオリーブオイル大さじ3を熱し、①を入れて大きめにほぐしながら火が通るまで中火で炒める（**a**）。

3. 鍋に2ℓの湯を沸かして塩小さじ2を加え、袋の表示通りにペンネをゆでてざるに上げる。

4. ③を②に加えて炒め合わせ、塩、オリーブオイルで味を調え、器に盛り、イタリアンパセリを散らす。

料理が楽しくなる

スパイス

日々の料理にスパイスを取り入れると新しい味に出会えます。

本書では、いつもの青菜炒めにスパイスでアクセントを加えてみたり（P14・スパイスで作るタコライス）も紹介しています。スパイス初心者も作りやすい料理（P14・スパイスで作るタコライス）も紹介しています。

自家製カレー粉（P19）も意外と簡単に作れるので、楽しみながらチャレンジしてみてください。

A 赤唐辛子

完熟した唐辛子を乾燥させたもので、料理に辛みを加える。「鷹の爪」は日本の代表的な品種のひとつ。

B 花椒

麻婆豆腐をはじめ中国料理に使われるスパイスで「ホアジャオ」と読む。柑橘系の香りとピリッとしびれるような辛さがある。

C カルダモン

世界最古といわれているスパイスのひとつ。さわやかさのある豊かな香りが特徴的で、カレーやチャイ、コーヒーなどにも使われる。

D クローブ

甘みのある香りが特徴的で、カレーや肉料理、チャイなどに使われる。本書では自家製ウスターソース（P20）で使用。

E クミンシード

スパイシーな香りとほろ苦さがあり、エスニック感を楽しめる。本書ではカレー、揚げ物、サラダなどに使用している。

F マスタードシード

プチプチとした食感が特徴的で、本書では炒め物のアクセントにしたり、自家製粒マスタード（P12）の作り方も紹介している。

G パプリカパウダー

赤パプリカを乾燥させて粉末にしたもの
で、鮮やかな赤色が特徴的。辛みはあま
りなく、色みや風味づけに使われる。

H カイエンペッパー

赤唐辛子を粉末状にしたもので、チリペッ
パーとも呼ばれる。チリパウダーは唐辛子
にほかのスパイスなどをミックスしたもの。

I 韓国唐辛子

韓国の赤唐辛子は辛さ控えめ。本書で
は粗びきのものを鍋のつけだれ（P37）や
自家製ラー油（P91）などに使用。

J コリアンダーパウダー

香菜やパクチーとも呼ばれるコリアンダー
の種子を乾燥させて粉末にしたもの。本
書では主にカレーのレシピで使用。

K ターメリック

ウコンの根茎を乾燥させて粉末状にした
スパイス。鮮やかな黄色が特徴的で、カ
レーや料理の色みづけなどに使われる。

L ナツメグパウダー

ナツメグの種子から作られるスパイス。特
有の甘い香りが特徴的で、肉料理の臭
み消しや風味づけに使われる。

M クミンパウダー

クミンシードを粉末状にしたもので、風味
をなじませやすく、本書では肉料理の下
味や、カレーなどに使用している。

N ガラムマサラ

インドのミックススパイスで主に香りづけに
使われる。配合の決まりはないが、シナモ
ン、クローブ、黒こしょうなどが使われる。

O カレー粉

イギリス発祥とされるミックススパイスで、
手軽にカレー作りが楽しめる。ターメリック、
コリアンダー、クミンなどが使われる。

桑原亮子

profile

料理家。通訳や翻訳などの仕事に従事
したのち、料理好きが高じて料理教室
SPICEUPを立ち上げる。現在は大阪と
東京のアトリエでの対面レッスンおよびオン
ラインクラスで、スパイスやハーブなどを取り
入れた新しい家庭料理のレシピを提案し
ている。3人の子どもを持つ母親でもあり、
日々の食事作りで培った作りやすいレシピ
が人気を集めている。レシピ提供や商品
開発、テレビ出演など幅広く活躍中。
https://spiceup-world.com/
Instagram：@spiceup_world

photograph	伊藤徹也
styling	佐々木カナコ
design	高橋朱里（○△）
cooking assistant	三木智子、安藤裕美
proofreading	安藤尚子、河野久美子
writing	草柳麻子
editing	上野まとか
cooperation	UTUWA

予約の取れない料理教室

SPICEUPの
作りたくなる日々のごはん

著　者　　桑原亮子
編集人　　束田卓郎
発行人　　殿塚郁夫
発行所　　株式会社主婦と生活社
　　　　　〒104-8357　東京都中央区京橋3-5-7
　　　　　TEL 03-3563-5129（編集部）
　　　　　TEL 03-3563-5121（販売部）
　　　　　TEL 03-3563-5125（生産部）
　　　　　https://www.shufu.co.jp/
　　　　　jituyou_shufusei@mb.shufu.co.jp
製版所　　東京カラーフォト・プロセス株式会社
印刷所　　大日本印刷株式会社
製本所　　共同製本株式会社

ISBN978-4-391-16236-3